SANGUO ZHI
LIU BEI ZHUAN

张睿 ◎ 著

山东教育出版社
·济南·

图书在版编目(CIP)数据

三国志刘备传 / 张睿著. -- 济南 ：山东教育出版社，2024.7. -- ISBN 978-7-5701-3175-4

Ⅰ. K827=362

中国国家版本馆 CIP 数据核字第 2024J6Q955 号

SANGUO ZHI LIU BEI ZHUAN

三国志刘备传 张睿 著

主管单位 山东出版传媒股份有限公司

出版发行 山东教育出版社

地 址 济南市市中区二环南路 2066 号 4 区 1 号

邮 编 250003

电 话 (0531)82092660

网 址 www.sjs.com.cn

印 刷 山东星海彩印有限公司

版 次 2024 年 7 月第 1 版

印 次 2024 年 7 月第 1 次印刷

开 本 787 毫米×1092 毫米 1/16

印 张 8.75

字 数 158 千字

定 价 39.80 元

(如印装质量有问题,请与印刷厂联系调换) 印厂电话:0531－88881100

序

张睿小友与我熟识颇久，我对他的了解也愈发深刻。

他自幼喜爱三国历史，各版《三国演义》、《三国志》及相关研究资料多有涉猎，这是可贵的品质。但他不仅做一点三国的学问，还致力三国文化的推广宣传，许多地方都邀请张睿做三国文化推介人或宣传大使。他还参与了不少与三国相关的文化活动，全国各地到处跑，忙碌亦喜慰，毕竟这是他的事业。

对历史的痴爱也罢，于个人的执着也罢，张睿在其中如此不亦乐乎，转瞬二十余年了。倘若换了旁人，早已泯然众人，而他却渐渐有了成果，这本《三国志刘备传》便似是头一炮的声响，使周围的朋友一震！我也是三国爱好者，多少年来手不释书，此书稿自然也要翻阅几遍，赞誉的话我不好多讲，唯有六个字赠予：非志无以成学。这句正出自诸葛武侯的《诫子书》，也是许多人的座右铭。这句的解释我不再赘述，唯有鼓励张睿持之以恒，将自己的所爱所得继续汇集成册，这非是他一人的成果，亦是三国文化传播之幸事！

高希希

2024 年 6 月 25 日

目录

第一章

蜀汉高层都有谁是少孤者？

抖音扫码听讲解

皇帝刘备，少孤，幼年时父亲就去世了。皇后吴氏，少孤。开府丞相诸葛亮，少孤，7 岁时父亲去世。开府丞相费祎，少孤。费祎死后，姜维掌兵权，他也是少孤。同时的尚书令陈祗，还是少孤。之前的尚书令吕义，少孤。最后上来的都护诸葛瞻，也少孤，7 岁时父亲诸葛亮就去世了。

除了蒋琬，蜀汉高层几乎全在这了，蒋琬跟这些人比能量最小，也巧，就他不是少孤。有人说，为啥这样啊，也许是巧合吧？也许是巧合，也许他们更亲近与自己经历相似的人。有可能某个夜晚，诸葛亮和刘备促膝长谈，不仅聊天下大事，也许会聊点别的，刘备说，我少年就没了爸爸，诸葛亮说，我也一样。那么问题来了，少孤的人没了爸爸，他们是怎么存活下来的，又是怎么脱颖而出的呢？

《三国志》里明确提到少孤、早孤的，一共是 23 个人，但这不是历史上的全部，只是陈寿和裴松之用了这种词语来说明。有许多人也少孤，但他们没这么写。我们来说一下，吴懿和他妹妹，也就是刘备的大舅子和老婆，他们俩是依靠叔叔吴匡生存，吴匡是大将军何进的府官，参与过斩杀宦官、斩杀何苗等事件。因为吴懿的爸爸和刘焉有交情，他后来就去了益州，也就是说吴氏兄妹生存靠叔叔，发展靠爸爸与军阀的交情。再看诸葛亮，诸葛亮也是依靠叔叔，他叔叔叫诸葛玄，诸葛玄和刘表有交情，所以把诸葛亮兄妹四人带到荆州，他们和刘备的老婆、大舅子一样，生存靠叔叔，发展靠父辈与军阀的交情。再看费祎，费祎生存是依靠堂叔费伯仁，发展是依靠另一个堂叔费观，费观的姑姑是刘焉的老婆，就是刘璋的亲妈，费观又是刘焉的女婿，是刘璋的姐夫或妹夫。也就是费祎的父辈、爷爷辈都和军阀联姻。所以换言之，费祎也是生存靠叔叔，发展靠父辈、爷爷辈和军阀的交情。

在当时，这种父亲死了，生存靠叔伯的人很多。比如荀攸，他是父亲死了，爷爷也死了，他靠叔叔荀衢生存。还有王基，他也少孤，靠叔叔王翁生存。说回蜀汉，该陈祗了，他的外公是许靖的亲大哥。许靖有两个兄弟，一个亲兄弟，一个堂兄弟，亲兄弟就是陈祗的外公；堂兄弟有名了，就是评价曹操是治世能臣、乱世奸雄的许劭，许靖和堂兄弟许劭一起创建了大名鼎鼎的月旦评。许靖在蜀汉做到上公太傅，虽然是“吉祥物”，但级别是顶级的。所以陈祗是生存靠外公辈，发展也靠外公辈。

说说姜维，姜维有意思了，许多人以为姜维父亲死后，母子俩相依为命，生存穷困潦倒。其实非也，史书记载，姜维“不修布衣之业”，就是不做普通百姓的工作，那他干什么呢？“阴养死士”，他不仅不穷，他还养了一群死士，他要干什么呢？“为人好立功名。”有人说，这咋可能，他哪来的钱？注意史料里的一个细节，姜维的父亲曾经是郡里的功曹，功曹这个身份很重要，一般一个郡里最强大的家族的人才能当功曹。比如周瑜当南郡太守，功曹是庞统，因为在南郡庞家当时是第一家族。比如臧洪就是功曹，他父亲是臧旻，当过扬州刺史、太原太守。所以有实力的家族的人才能当功曹。姜维虽然父亲死了，家族还在，家族有实力，他“不修布衣之业”，要养死士，因为他有那个条件。这还没完，姜维啥也没干，直接被赐官中郎，封天水郡参军，理由是姜维他父亲战死沙场，这是补偿姜维的。有人说，这也应该。但当时战死沙场的官员多了，每家都有这待遇吗？当然不是，那是因为姜维家族在当地有实力。

所以古人是以家族为奋斗单位的，父亲死了，少孤了，并不是就完了，只要你的家族强大，你的叔叔养活你，你的家族和军阀有交情，甚至联姻，你一样能出人头地。

有人说了，刘备不一样，刘备没叔叔，刘备就是父亲死了之后，穷困潦倒，只能和母亲贩履织席，没有叔叔帮忙的。

非也，《三国志》里刘备出现了两个叔叔，一个明确是他叔叔，还有一个疑似是他叔叔，明确的叔叔叫刘子敬。说刘备小时候和家族的小孩们一起在大树下玩儿，刘备看大树像车盖，就说以后我一定要坐这种羽葆盖车。这话一说，把刘备叔叔吓坏了，因为这种车是帝王才能坐的，刘备叔叔刘子敬赶忙说：“汝勿妄语，灭吾门也！”意思就是你别胡说八道，如果出事了，要灭我们全族的。

这一段透露出一个信息，就是刘备是有一个大家族的，而且他是和家族的孩子们一起玩儿的，他是生活在大家族中的。并不是父亲死后，刘备就和母亲相依为命，他是有家族依靠的。

有人说不对，刘备一定是父亲死后，就被家族踢出家门了，只有母子两人相依为命。

好，那我们继续看，刘备 14 岁的时候，“母使行学”，就是母亲让他去外地游学。如果是靠卖草鞋为生的母子俩，哪有钱让孩子外出游学？举个例子，好比那摆地摊的 14 岁的小孩，家里很穷，突然有一天，他妈跟他说，你去国外留学去吧！这合理吗？

当然不合理，接着看，他跟谁一起去外地游学呢？同家族的刘德然，看见没？又是同家族，小时候刘备是和同族的小孩一起玩儿，14 岁时，是和同族的孩子一起去游学。这种经历，你还觉得刘备的生存与家族没关系？

再看，除了刘德然，还有辽西的公孙瓒，公孙瓒什么家族？家世二千石！就是家里世代出过许多太守级别的高官。那么问题来了，为什么刘备能获得和同宗少年刘德然一样的待遇呢？

史料记载，这个刘德然的父亲刘元起经常资助刘备。有人说了，你就直接说刘备堂叔刘元起资助刘备不就得了，还说的那么绕。非也，刘德然、刘元起与刘备的辈分关系并不清晰，也许刘德然是刘备的爷爷辈，也许是刘备的孙子辈，这都有可能。史书只写了同族，没写辈分。按《三国演义》的理解，刘元起疑似是刘备的堂叔。这就像诸葛诞和诸葛亮的关系，许多人说他们是堂兄弟。非也，诸葛诞和诸葛亮是同族，谁辈分高，谁辈分低，并不清楚。为了方便理解人物关系，我们可以把刘元起叫作疑似堂叔。

简单理解，就是刘备的父亲虽然死了，但刘备一直生活在大家族中，从小和家族小朋友一起玩儿，长大后和家族少年一起游学，疑似堂叔的刘元起常常资助刘备。

有人说这个资助，估计就是给口饭吃，疑似堂叔能给多少？

非也，后面史料明确记载，说疑似堂叔每次资助刘备，和给他亲儿子的一样多。史书曰：“常资给先主，与德然等。”

这疑似堂叔能给这么多，那他老婆没意见？有意见啊，史料接着写，说他老婆不干了，说你怎么能老是给这么多呢？疑似堂叔说了，我们家族里哪有像刘备这样的孩子，他不是一般人。有人问了，刘备哪里特别？史书又给了说明，说刘备“少语言，善下人，喜怒不形于色”。

史书说刘备话少，对人有礼貌，荣辱不惊，心理素质与普通人不一样。

有人说了，这一段怎么跟我们看的《三国演义》不太一样呢？

因为明朝版的《三国演义》为了突出刘备的无依无靠，把刘备与宗中诸小儿于树下戏，改为与乡中小儿戏于树下。宗中、乡中，一字之差，千里之别，宗中小儿那都是亲戚，一个大家族的；乡中小儿就是同乡的邻居。这么改，把刘备与家族中的孩子们一起长大这个成长环境给改没了。然后明朝版《三国演义》写得更直白，让刘备说“我为天子，当乘此羽葆盖车”。文中加了“我为天子”四个字，含义又不一样了。史料里，少年刘备也许并不知道这东西是天子用的，他只是觉得好玩儿。但演义改成刘备小时候就大喊我要当天子。

可能是受尊刘贬曹的创作思想影响，清朝版《三国演义》把刘元起呵斥刘备的情节改为刘元起说：“此儿非常人也！”

这里其实是把史料中刘备与刘元起、刘元起夫妇之间的对话进行了剪辑，把两个情景剪辑在了一起。

有人可能会问，刘备家族很有实力吗？很了不起吗？

看史料，陈寿写的是“世仕州郡”。就是刘备家族世世代代都在幽州涿郡当官。一个世世代代在幽州涿郡当官的家族，你说有没有实力？

史料记载刘备的爷爷叫刘雄，爸爸叫刘弘，世仕州郡。

刘备的爷爷被举孝廉，官至东郡范县县令。

有人说，不就是个小县令吗？人家袁绍家都是四世三公，一个小县令也好意思拿出来说。

其实比县令更有价值的是这个举孝廉。

当时一个郡一年只推举一个大孝子，如果有官职空缺，这个大孝子就能直接补位当官。

一个郡相当于今天半个省或一个省，一年只推选一个孝子，说直白点就是选有实力的家族。

所以刘备的爷爷能当孝廉，这表示刘备家族在当地不简单。

有人说，孝廉在《三国志》里有很多的。确实，《三国志》里先后提到一百多次孝廉。

但《蜀书》里并不多。

《蜀书》里只有 10 处孝廉。其中比较有名的人有许靖，就是上文说的开创月旦评的两兄弟之一；张裔，益州本土名士；张翼，益州本土人；马忠，益州本土人；谯周的小儿子等等。这样看下来《蜀书》里孝廉很稀少。大家熟悉的关羽、张飞、诸葛亮、姜维都没被举过孝廉。

演义里可能为了拔高刘备，把刘备爷爷当孝廉改为了刘备爸爸当孝廉。

再说刘元起干了一件很了不起的事，就是把刘德然和刘备送到了卢植那里去读书。

有人说了，这叫啥了不起，不就是送到一个乡下老头那里去读书吗？

我们受一些文艺作品的影响，认为卢植是个告老还乡的老头。在这里我们介绍一下卢植。

其实卢植当时是九江太守，是二千石级别的，他一直在九江平乱，后来病退。

卢植是幽州涿郡人，和刘备是老乡，他还是经学宗师马融与太尉陈球的徒弟。同时，他还有个师哥叫郑玄，郑玄也是经学宗师。

卢植背景很深，人也很狂，一开始州里邀请他当官，他看不上，后来朝廷征招他为博士，他才去的。但因为九江叛乱，朝廷让他去平乱，平完乱，他又不乐意了，他不想在扬州当个地方太守，便称病辞职了。辞职后，他给朝廷写信，要求进入皇宫图书馆研究典籍，卢植其实一直想当京官。于是，他就一直等着朝廷的批复。

有人说了，他给朝廷写信，朝廷就会搭理他吗？当然，因为卢植背景很深。

后来卢植跑到洛阳郊外的缑氏山，一边办学，一边等待消息。公孙瓒、刘德然、刘备就是这个时候来跟卢植学习的。

学了几个月，结果扬州的庐江郡出现叛乱了，朝廷认为卢植有平乱经验，便派他去了庐江。卢植去后果然平乱成功，朝廷便召他进京，终于成了京官。卢植在京城负责研究典籍，他的同事们都是当时的名士，如马日磾、蔡邕、杨彪、韩说等。

后来汉灵帝提拔卢植当了尚书。卢植成了皇帝的近臣。

所以回看卢植，这是一个告老还乡的老头吗？这是皇帝身边的重臣啊！刘元起能把刘德然和刘备送到卢植那里学习，当然是一件了不起的事。

这一年是 175 年，刘备 14 岁，刘备和未来的元老派的简雍可能已经认识了。刘备未来的伙伴们，如诸葛亮、庞统、法正、马超、姜维都还没出生。

这一年，汉末的霸主们已在活跃。此时曹操 20 岁，是洛阳北部尉；袁绍之前是濮阳令，现在隐居洛阳，养了很多死士，到处营救士大夫。董卓还是袁绍叔叔司徒袁隗的府官。此时十常侍在打压士大夫，何进的妹妹现在还不是皇后，国舅爷还是曹操的堂妹夫宋奇。在这个风起云涌、暗潮涌动的时期，刘备、刘德然、公孙瓒跟着卢植来到了洛阳郊外，这次游学，将成为刘备人生的转折点。

三国志 刘备传

第二章 刘备的师门圈子有多豪华？

刘备的师父是卢植，卢植的师兄是一代宗师郑玄，也就是刘备的师伯。清朝版《三国演义》里为了给刘备贴金，直接虚构说刘备也跟师伯郑玄学习过。当然，也有人猜测，是不是刘备跟卢植学完后，经卢植推荐，刘备也去师伯那学习了。

如果去了，那就有趣了，郑玄的徒弟里有两个人，未来是刘备的手下，一个是孙乾，疑似是郑玄的徒弟；一个是刘琰，明确是郑玄的徒弟。孙乾是刘备的使者，最后做到秉忠将军。

刘琰也是使者，最后在蜀汉做到车骑将军，同时还是中军师。除此之外，郑玄著名的徒弟还有四个，他们未来是曹操手下的尚书崔琰、太仆国渊、河东太守任嘏，御史大夫郗虑。这些人刘备有可能上学时就认识。

另外，大家都知道刘备把师兄公孙瓒当哥哥对待，史料记载："而瓒深与先主相友。瓒年长，先主以兄事之。"那哥哥的同学，刘备有没有可能也认识？公孙瓒跟未来的太尉、皇亲国戚刘宽也学习过，刘宽的徒弟还有王邑、傅燮、魏杰。这全是公孙瓒的同学，公孙瓒和刘备在缑氏山学习时，公孙瓒有可能带刘备进洛阳城，认识认识自己的同学。

王邑未来是大司农，汉臣，跟曹操不对付。

傅燮未来是汉阳太守，汉臣，打黄巾军时，傅燮率军斩贼三帅。后来守卫西凉，由于马超的父亲马腾叛变，投了贼军韩遂，导致傅燮阵亡。后来朝廷发兵平叛，公孙瓒的另外一个同学魏杰就参与了这个战争。7 年后，李傕追赶汉献帝车队，两军交战，身为汉臣步兵校尉的魏杰被李傕军击败了。公孙瓒这三个同学全是大汉忠臣。

大家想象一下，14 岁的刘备被公孙瓒带进洛阳城，与这三个未来的大汉忠臣一起谈忠君爱国，深深影响了刘备。大家还可以想象一下，有一天书院里来了极其尊贵的客人。来者何人？司徒袁隗，他的岳父叫马融，马融正是卢植的师父，所以卢植得管司徒袁隗叫师兄，刘备、公孙瓒、刘德然、高诱四人得管袁隗叫师伯。袁隗身边带了几个青年，他们都是袁隗的侄子，三人自报家门，袁基、袁绍、袁术。是的，你没听错，有袁绍、袁术。

因为卢植是马融徒弟，袁隗是马融的女婿，无论是卢植带刘备去拜访袁家，还是袁家来郊外拜访卢植，刘备和袁绍都有相识的可能性。卢植最后的归宿也是在袁绍那，他临死前是袁绍的军师。

这还没完，郑玄和卢植不仅仅是马融的徒弟，他们还是未来的太尉陈球的徒弟，陈球家有个名人，那就是陈登，陈球的侄子的儿子就是陈登。现在刘备 14 岁，陈登 11 岁或 12 岁，俩人早年间见过也正常。这就是为什么后来陈登支持刘备当徐州牧的原因。而且刘备当徐州牧后，陈登给谁写信？袁绍，袁绍听说刘备当了徐州牧，自然非常支持。你乍一看，这三人毫无关系。往前一推，这三人早年就在一个圈子里。史书明确记载，袁术和陈登的父亲是旧交。全是一个圈子的。另外，陈球还有两个徒弟，也是大家的老熟人，管宁、华歆，华歆跟过袁术，也跟过马日磾，未来是曹丕的三公。

当时的学术圈除了这几家之外，还有一家，是公孙瓒的老师刘宽的老乡，姓杨，就是弘农杨氏。老爷子叫杨赐，有个府官叫孔融，有个徒弟叫王朗，有个儿子叫杨彪，杨彪的老婆是袁绍的堂姑，生了个孩子叫杨修。

这就是 175 年的刘备有可能接触到的圈子，他可能接触到一些未来对自己有用的人，比如袁绍、孙乾、刘琰、陈登。

说明一下，刘备 175 年跟着卢植去洛阳城外缑氏山学习，他只是有可能接触到上面提到的这些人，但是史料并没相关记载。

回到正史里，刘备跟随卢植学习，卢植不久被派往庐江平叛。

那么问题来了，卢植这才教了公孙瓒、刘备、刘德然、高诱几个月而已，突然去上任，那这些学生怎么办？难道他们跟着卢植去庐江太守府里继续学习吗？

有人说了，卢植是去打仗的，能带学生去吗？不会有危险吗？

A 观点，没危险，卢植那么厉害，再说了，卢植是指挥军队平叛，太守府是安全的，卢植白天指挥军队，晚上在太守府教书。

B观点，要的就是有点危险，这是实习的好机会，不然卢植教他们的兵法怎么实践？地方叛乱就是流民作乱而已，又不强，连铠甲都没有，卢植带的是铠甲精良的正规军，这正是公孙瓒、刘备锻炼的好机会，他们未来为什么打仗厉害，因为在这练过了。

C观点，卢植不会把学生带到庐江，他可以让学生转学，去他师兄郑玄那里继续上学。

当然，还有D答案，简单一点，卢植把学费一退，你们各回各家，我去庐江了。

其实ABCD四种答案，无论哪一种，都是猜测，史料是缺失的，正史里没说卢植去上任之后，刘备、公孙瓒咋样了，尤其是刘备，接下来都空白的，一直空白到9年后的黄巾起义之前，这9年间刘备发生了什么，我们一无所知。但公孙瓒是有记载的，而且在公孙瓒的事迹中，我们能嗅到一些刘备的动向。

好，来看公孙瓒，公孙瓒回到了家乡，无论刚才ABCD哪种答案，他最后都会再回到家乡。

公孙瓒的家族很有实力，但公孙瓒的母亲出身低位，有人说了，不对，公孙瓒是嫡长子，他字伯珪，伯不就是嫡长子才能叫的吗？是这样的，公孙瓒这个伯珪不是他家族给他起的，而是他自己起的，他后来当将军了，为了获得豪强的支持，就和几个豪强结拜，他是大哥，为了增加兄弟结义的含金量，公孙瓒把自己的字给改了，我是结义大哥，那我字伯；结义的老二，你字仲；老三，字叔。所以以公孙瓒的出身，他其实是没资格字伯的。

后来公孙瓒娶了当地前任太守的女儿，逐步积累起资源。这期间，刘备很有可能是一直跟着公孙瓒的。

大家可以想象一下，二人回到幽州后，公孙瓒因为是前任太守的女婿，资源更多。公孙瓒对刘备说，贤弟，你别急，等为兄混好了，咱们有福同享。

有人说，这种话，都是空话而已。非也，几年后，刘备的家乡涿郡涿县新上任了一位县令，正是公孙瓒。刘备终于等到了新来的县令，是自己“以兄事之”的那个男人。

刘备在家乡招募私兵，县令不管吗？

抖音扫码听讲解

县令当然管，而且还支持刘备招募私兵。

别惊讶，这很正常。因为刘备家乡涿县的县令是公孙瓒，刘备的师兄，是刘备“以兄事之”的男人。谁敢阻碍刘备招募私兵，师兄出面解决。

那刘备为什么招募私兵？有人认为是因为黄巾起义爆发了，涿郡发布了招兵启事，刘备为了保卫家乡才招兵买马。

但根据史料记载，其实在黄巾起义之前，刘备就已经开始招兵买马了。那么问题来了，刘备招兵买马干什么用？要搞明白这个，就得从公孙瓒的视角出发。公孙瓒来涿郡涿县当县令，当地士族自然要和控制自己家乡的军阀合作。同理，现在公孙瓒是涿县县令，那涿县当地的大家族要不要跟公孙瓒合作？那当地重要的大家族有谁呢？答案是肯定要合作，这个家族就是刘备家族。

刘备就好比公孙瓒的保安队长，两人明面上是官方与民间的合作关系，实际上就是公孙瓒个人的武装力量。双方的这种合作可以更好地控制地方，要控制地方，那就需要人手，用朝廷的人不方便，所以要刘备招募私兵。

那这时刘备多大呢？我们算一下，卢植去庐江上任是 175 年，刘备和公孙瓒可能就回家了，这年刘备 14 岁，然后公孙瓒去给辽西太守刘其当吏，再去当辽东属国长史，然后升为涿县县令，这些事忙下来，最快也得 1 年。刘备招兵买马是在黄巾起义前，黄巾军 184 年起义，刘备 23 岁，也就是刘备招兵买马是在 15 岁到

23 岁之间。

有人说了，原来刘备这么年轻就开始招兵买马了，为什么电视剧里那么老呢？因为明朝版《三国演义》写刘备招兵买马是在 27 岁，电视剧估计也是按着这个年龄塑造的演员。

让我们回到少年刘备这里，少年刘备站在街上，光明正大招兵买马，县里许多人认识他，因为他以前在这卖草鞋。现在突然招兵买马了，但没有任何人敢轻视他，因为所有人都知道，他的背后是公孙瓒和刘元起。

然后少年们争着来依附这个之前的卖鞋郎，冀州中山国的大商人张世平、苏双也来投资这位曾经的卖鞋郎。

史书的表述是，刘备“少语言，善下人，喜怒不形于色。好交结豪侠，年少争附之”。中山国的两个大商人看见了这一幕很惊讶，然后给了刘备许多钱财，刘备就拿着这些钱财继续壮大自己的实力。

这个表述，总让人觉得不可思议，少年们如果那么喜欢刘备，那刘备卖草鞋的时候他们咋不纷纷来依附？大商人觉得刘备不一般，就给钱了，就投资了，这么爽快吗？大商人图啥？

其实答案很简单：

少年们是争着加入县令与地方豪强联手打造的非法武装力量。

商人们是在投资县令与地方豪强联手打造的非法武装力量。

少年们和商人们看中的不是刘备，而是县令和地方豪强联手的那个势力。

所以在涿县，少年刘备已是只手遮天。

有人说了，咋就只手遮天了？

如果你穿越到涿县，刘备的人欺负你，你咋办？你去报官，县令是公孙瓒，你觉得报官有用吗？

你说你越过县令，直接去涿郡太守府告，去找太守告状。

好，你去了，你运气也很好，太守听了这件事，大吃一惊，涿县县令竟然搞了一个非法武装力量，我得去涿县查查。

太守刚要起身，下人来报，前任辽西郡太守到，这是前辈啊，弄不好是涿郡太守以前的老领导呢！这得接待啊，一聊，原来公孙瓒是老领导的女婿，这事有点难办了。

这时，下人再报，辽西郡太守刘其到。

现任辽西太守也到了，这现任太守和公孙瓒啥关系？这就要说几句了。

公孙瓒离开卢植后，回到家乡，他得找工作啊，因为公孙瓒家是累世二千石的家族，有人脉；又因为公孙瓒是刘宽、卢植的徒弟，有师门；又因为公孙瓒是前任太守的女婿,有岳父,所以公孙瓒很容易就成了辽西郡现任太守刘其的上计吏,啥叫上计吏呢?这种吏的名册,是向朝廷汇报的,朝廷知道有你这么个吏,还有一些吏是当地承认你,出了州郡没人承认的。所以公孙瓒当的是朝廷承认的吏,日子过得不错。但过了没多久,出事了,这个太守刘其犯事了,事还不小,要被拉到京城洛阳廷尉府受审,可能要被发配到南方去,公孙瓒穿上士兵的衣服,冒充士兵陪着太守去洛阳,他一路驾车,一路上照顾太守。到了洛阳后,太守被拉去受审,公孙瓒跑到洛阳北邙山祭祀祖先,虽然不知道幽州的公孙瓒为什么祖先葬在洛阳,但这并不重要,重要的是公孙瓒情深意切,对祖先说,我要跟着太守发配去南方了,那地方有瘴气,说不定我就回不来了,以后就没机会来这里看望祖先了。公孙瓒拜了几次,激昂站起,旁边看到的人无不叹息。我推测公孙瓒之所以一路保护太守来到洛阳,一方面确定与太守的情义深切,另一方面他是去搬救兵了。因为此时,他的老师刘宽是太尉,卢植是侍中,这俩人给皇帝说说情,兴许这事就过去了。

果然没过多久,太守刘其无罪释放了,俩人一起开开心心地回幽州了,然后公孙瓒就被举了孝廉。

所以你说,辽西太守刘其对公孙瓒得是什么感情?现在你涿郡太守想要调查公孙瓒,辽西太守刘其管不管?

涿郡太守正举棋不定,下人来报,破虏校尉邹靖邹大人到。

这可不得了,你听着破虏校尉只是个校尉,感觉是个小官,但事实上,他是朝廷派来与北方游牧民族作战的校尉,和护羌校尉、护乌桓校尉类似,是正规军统帅,其地位非同小可。

这邹大人为什么要来为公孙瓒说话呢?他和公孙瓒啥交情呢?这也得说几句。

公孙瓒被举孝廉过后,然后就等空缺,恰好辽东属国长史的位子空出来了,公孙瓒就去上任了。这个地方可不太平,正是朝廷正规军和北方游牧民族打仗的地方。所以公孙瓒的工作是作为地方军协助正规军作战。结果有一次,公孙瓒和邹靖一起去追敌人的时候,邹靖被包围了,公孙瓒回去搬救兵来救邹靖,等解了围困,二人继续乘胜追击,一直打到晚上,官军举着火把向北追逐敌军。

可以说公孙瓒对这位正规军统帅有救命之恩啊!

你涿郡太守敢得罪正规军统帅吗?

怎么样?在幽州,你还有办法对付公孙瓒、刘备这帮人吗?

有人说了,我懂了,公孙瓒是纯靠关系当上的县令,我去告发他。

那你真告不赢,咱们看看公孙瓒是怎么当上县令的。他当辽东属国长史的时候,带着几十个骑兵巡逻,结果遇到几百名鲜卑骑兵,公孙瓒没怕,手持双刃矛,带着手下主动发起攻击，斩杀敌人几十人，自己这边也折了一半人。鲜卑人吓坏了，再也不敢出现在这一带了，公孙瓒因此被升为涿郡涿县县令。

几十人硬杠几百人，打的对方不敢再来，公孙瓒是凭这个升县令的，这是战功。

现在他让师弟刘备搞个非法武装力量，谁有意见？

说少年刘备在涿县能只手遮天，那也是事实。

所以你如果和刘备的人发生矛盾，你以为你对抗的是几个小混混吗？是一整套幽州的武装系统，小混混的上面是刘备，刘备的上面是县令公孙瓒，公孙瓒的上面是刘其，最上面是正规军统帅邹靖，你能打过这条系统吗？

有人说了，我找刺史，刺史就是负责弹劾这帮人的。

当时的幽州刺史是谁，史书记载不明确，但是有一个人当过幽州刺史，也许就是在这个时期，这个人叫陶谦，或许他此时就与公孙瓒、刘备是认识的，也或许不认识，但未来他与公孙瓒、刘备是盟友。

十几年后，曹操打陶谦，陶谦向公孙瓒求救，刘备来救援。乍一看，一切都是命运随机的安排，其实每个人物的出现都不是巧合，为什么是向公孙瓒求救？为什么是刘备来救？其中都有原因。

有人说，那按你这意思，陶谦也是他们自己人，那我去向刘焉告状，不是有个幽州太守刘焉吗？邹靖不是刘焉的下属吗？

那是演义，历史上刘焉没当过幽州的官，而邹靖也不是哪位太守的下属。

关于刘备招兵这一段，我们来总结比对下明清《三国演义》与《三国志》的差别。

第一，按《三国志》来看，刘备招兵是 24 岁之前，不到 24 岁。

明清版《三国演义》写的都是 27 岁。

第二，《三国志》里，刘备招兵时黄巾军未起义。

明朝版《三国演义》里，为了美化刘备，给刘备招兵一个合理的理由，说是黄巾军要杀到幽州了。

第三，《三国志》里，刘焉没当过幽州太守，没在幽州当过任何官。

明朝版《三国演义》里，说刘焉是幽州太守。

第四，《三国志》里，邹靖是独立的校尉。

明朝版《三国演义》里，邹靖成了幽州太守刘焉的下属。

第五，刘备为什么要招兵买马，他是怎么想的，动机是啥？《三国志》里没有明确记载。

明朝版《三国演义》写的是刘备说自己有心扫荡中原。

清朝人一看，这样写不好，刘备要扫荡中原，别人会理解为刘备想当割据势力的军阀呢，这不成反派了吗？于是给改成有志欲破贼安民，这就是标准的正面角色了，别人就误会不了了。

第六，《三国志》里，刘备从未见过刘焉，刘焉也不可能认刘备当侄子。

在明清版《三国演义》里，都写了刘焉认刘备当侄子。

总结一下，历史上刘备招兵时，不是 27 岁，黄巾军也没起义。刘焉不是幽州太守，邹靖不是刘焉下属。刘焉没认刘备当侄子。

刘备是怎样参与攻打黄巾军的？

抖音扫码听讲解

可能是邹靖举荐他去的。

驻守在边界打乌桓、鲜卑的正规军，人家身经百战，现在奉命去打黄巾军，也就是普通的流民，这不是碾压吗？结果正规军非要带上一个县里的民间保安队，这保安队毫无作战经验，能有多大作用？但正规军非要带，而且打完后，正规军统帅给保安队队长申报战功，直接升为邻郡的县尉，副县令级别，手握一县兵权。如果没有邹靖，刘备争取不到这样的机会。

后来凉州叛乱，朝廷要调幽州军队去支援，幽州这么多军队，结果谁都没被推荐，被推荐的又是这位涿县县令公孙瓒，而推荐人，还是这位邹大人，邹靖现在是京官了，是掌管大汉中央军北军五校的北军中侯。但这次惹恼了前中山相张纯和泰山郡太守张举，这俩人都是太守级别的，他们很愤怒，觉得如果公平竞争，这个机会是他们的，因为邹靖和公孙瓒的关系，让他们失去了立功的机会。

结果这俩人造反了，张举是幽州豪强，张纯是前中山国相，他俩联盟乌桓单于丘力居，也就是蹋顿的叔叔，来大举进攻大汉，张举自称天子，张纯自称弥天将军、安定王，一共十万大军。大汉王朝凉州的叛乱没解决，幽州又叛乱了。

张举、张纯在幽州叛乱，朝廷得调集军队去打他们，按说应该调青州的正规军去打，但历史又重演了，青州正规军去打幽州叛军，谁都不带，偏偏又带了涿县保安队长刘备。这个时候刘备还不是安喜县尉，之前打黄巾军的战报报上去了，刘备在等空缺,有空缺他才能接替当官。在等空缺的这个时期,又获得了机会,他跟随青州正规军去打叛军。有人说,不会还是那个邹靖推荐的吧?

史料没这么写,史料写的是青州平原国有个叫刘子平的人,他知道刘备有武勇,他向青州官军推荐了刘备。我也没搞懂为什么青州的这个人能知道幽州刘备有武勇,还有这个青州人啥身份?咋他一开口,青州官军就听了,就带着刘备去了。

总之,史料就这样给含糊过去了,这个叫刘子平的人是谁,为什么推荐刘备,谁让他推荐刘备的,都没记载。

有人问了,公孙瓒不就是救过一次邹靖吗?邹靖用得着这样帮他和刘备吗?

我认为他们应该是形成了一种长久的可持续的合作关系。

说白了就是县令源源不断地向边界正规军统帅提供物资,边界正规军统帅在有机会的时候,就拉一把县令和县令的师弟。

当正规军统帅邹靖物资积累到一定程度的时候,他只需要一个契机,就形成质变,契机就是黄巾军起义,他去打黄巾军得战功,用这个战功加上他积累的物资,他就可以质变,成为京官,成为掌握北军五校的北军中侯。

有人说了,怎么从边界统帅成为京官这事,还需要积累物资,这是啥逻辑?咱们先不说三公尚书台十常侍要不要打点。光给汉灵帝的,就是一大笔钱。

汉灵帝明确规定,想当官需要出钱的,明码标价。你资历够了,功绩够了的前提下,还得出钱。

许多人常常嘲笑曹操的父亲曹嵩花钱买了个太尉。其实历史上,不光曹操的父亲当官要花钱,是所有人都要花钱。

有人说了,那正直清廉却家中贫困的士大夫怎么办,那他不就当不上官了吗?

在汉末,士大夫就不可能贫困,这是个伪命题。甚至可以说,只要是有文化的人,他的家族都强大。庶民一般是没有学习认字的机会的。

古人是以家族为奋斗单位,你的小家庭穷,不代表你的大家族穷。比如黄盖,他还是孤儿呢,家里非常穷,但从小能有机会学习文化,他先当小吏,然后直接变成三公的府官,相当于在宰相办公室里工作。这听着像童话故事一样。

就是因为他家族强大,他是江夏黄氏,大士族。

那一个家族是怎么变强大的呢?因为土地兼并,掌握的土地变多,就需要大量的佃户来种地,需要大量部曲来保护土地。佃户和部曲是士族的私有财产,不用向皇帝交税。这就变成了士族越强大,土地越多,就有越多的庶民失去土地成为佃户和部曲,就不用交税了,皇帝收到的税就变少了。也就是士族越强大,皇帝越穷。然后士族出了文人来当官,皇帝就给他们要钱。

有文化能跑来当官的都是士族，皇帝说我的税都因为你们变少的，现在想当官，得拿钱来买，这是补我的税钱。

等士族当了官，就提出各种建议，目的是让自己的家族能兼并更多的地，他们的建议越多，皇帝的税收就越少。皇帝只要反对，士族就张口闭口昏君，于是皇帝就利用太监制衡士族。

然后在士族的笔下，这皇帝是昏君，太监是恶人，皇帝亲信的非士族官员是奸臣。这就是站在汉灵帝的角度来看当时那个世界，解释一下为什么他认为当官得花钱买。你不理解他怪异的行为，是因为你无法站在他的视角。申明一下，汉灵帝的视角不代表正义，他已经被钉到耻辱柱上了。好，回到邹靖这里，现在是 184 年，黄巾起义爆发了，邹靖去攻打黄巾军，这正是让公孙瓒也尝些甜头的机会，那就带着他师弟刘备的保安队一起去。

那我们来对比下，明清版《三国演义》里，刘备打黄巾军部分与历史的区别。

184 年，黄巾起义爆发了，小说里大篇幅写了刘关张和邹靖大战黄巾军的情节。

但史料很简单，就一句话："先主率其属从校尉邹靖讨黄巾贼有功。"没有说敌军将领是谁，交战过程如何，都没有。

那演义就得编，就虚构了程远志和邓茂，让关羽斩了程远志、让张飞斩了邓茂。我个人认为，这一段虚构是合理的，既然刘备保安团与敌军交战了，那斩杀对方将领很正常，将领总得有名字吧，历史没写，演义就编两个，很合理。但不合理的是什么，是正规军邹靖成了替补，全程看这个毫无作战经验的民间保安团作战，这就很不合理了。

再看演义，接下来刘备去救援青州，这个历史上完全没记载，而且猜想不合理，因为幽州和青州之间还隔着冀州，保安团这点兵力不可能长途跋涉，而且青徐黄巾军人数众多，保安团根本无法与之抗衡。

很多人不了解黄巾军起义范围，起义主要分为三路。

上路是张角三兄弟，在冀州。卢植先去打，然后董卓去打，都失败了。

中路的黄巾军头领叫波才，朝廷派皇甫嵩、朱儁去打波才，曹操被安排来蹭个经验，就像刘备被安排来跟邹靖蹭经验一样。击败中路后，皇甫嵩和朱儁分兵，皇甫嵩去打上路，灭了张角三兄弟。朱儁去下路，灭了南阳黄巾军。

演义里为了让读者能看全这三路的战役，所以安排刘备军成为视角人物，让刘备把这三路都跑一遍，带大家看看这三路发生了啥。

先是北路，卢植对黄巾军，先获胜，然后围而不攻，慢慢打造攻城器械。演义里刘备跑来见卢植，作者设计了一段师徒相见。

然后演义让刘备去中路，引出中路军皇甫嵩、朱儁火烧敌军的事，但演义把中路军主帅给换了，把波才换成了张角的弟弟张宝、张梁，其实历史上张角三兄弟没分开过，三人一直在北路，没去过中路。

接着中路军皇甫嵩与朱儁分开了，皇甫嵩去上路灭张角，朱儁去下路灭南阳黄巾军。

演义让刘备先去上路见到卢植，然后接替者董卓来了，董卓也打不过黄巾军，小说设计了刘备救董卓的桥段。然后写刘备再去下路，跟着朱儁打下路。

历史上是孙坚跟着朱儁打下路，并没刘备的事。所以演义里写刘备在下路射杀了孙仲，这是完全不可能的。

但罗贯中可能觉得即使这样，刘备的战功还是不够，就虚构了一场不存在的战役，朱儁对张宝。朱儁一辈子也没去过上路，也没见过张宝。作者不管了，就瞎编了，在这场纯瞎编的战役里，张飞斩杀高升，刘备射伤张宝，也算多了一些战功。后来再虚构说张宝是被部下刺杀的。其实历史上张角是病死、张梁阵亡，张宝一直坚持到最后，被皇甫嵩灭了。

总结一下演义与历史的区别。刘备保安团没支援过青州，也没支援过上中下三路，也就是冀州、豫州、荆州都没去过。程远志、邓茂、高升、孙仲都是虚构的，刘关张也不可能斩杀这些虚构人物。刘关张也没去见卢植，也没去救董卓。张宝、张梁没被火攻过，张宝没被刘备射伤过，也没被手下刺杀过。

整个演义里刘备打黄巾军的过程，全是编的，他的作用是当视角人物。

所以刘备在打黄巾军时见过曹操、孙坚都是假的。刘备应该一辈子都没见过孙坚。

回到历史，这一年是 184 年，刘备 23 岁，庞统 5 岁，向朗 17 岁左右，史书记载他少年时跟随司马徽学习，应该就是此时。这一年，马超 8 岁，他的爸爸马腾还是樵夫，但是 4 年后，就不是了。这一年法正 8 岁，他的爷爷玄德还活着，但是 4 年后，就去世了。这一年诸葛亮 3 岁了，他的父亲还活着，但是 4 年后，就去世了。

第五章 回过家吗？刘备跟曹操

抖音扫码听讲解

回过，裴松之引用《英雄记》记载："灵帝末年，备尝在京师，后与曹公俱还沛国。"也就是27岁的刘备在京城遇到了33岁的曹操，然后跟着曹操回家了，去了沛国。裴松之还引用《魏书》记载，说曹操在家乡的城外盖了个房子，在那里读书、打猎，有人要是问曹操，你一个人在城外住干什么？曹操回答，我自娱自乐。其实他不是自娱自乐，他是和刘备在招兵买马。

有人会问了，刘备不是在当县尉吗？怎么去了京师？这里要说一下，在刘备当县尉期间发生的事——鞭打督邮。督邮不是人名，是官吏名，是负责传达州郡命令等工作的人，可以理解为省长的秘书。刘备刚当上县尉不久，朝廷下令，说以军功当官的人都要裁撤，这当然包括刘备。于是督邮来各县传达旨令，刘备可能想找督邮求情，但督邮拒绝见面，刘备大怒，便绑了督邮鞭打一顿，解官亡命去了。至于去了哪里，大概是去了京城，找老师卢植去了。

这里说一下京城里的情况，当时京城是三股势力角逐，宦官、外戚、士族。宦官的代表人物是十常侍，外戚的代表人物是太后董家与皇后何家，士族的代表人物是袁隗。现在的局面是，以袁家为首的士族集团和外戚皇后何家合作，要立何家的大皇子史侯刘辩当皇帝；宦官与太后董家合作，要立董家的小皇子董侯刘协当皇帝。这里还得再提一下凉州叛乱的事。当时皇甫嵩建议调幽州军去平乱，大将军府认为北军中侯邹靖了解幽州，让他去选将，此时前中山相张纯要参战，邹靖没选他，而是选了自己的心腹公孙瓒，张纯忿不得将，勾结乌桓造反。公孙瓒因此无法去支援凉州，导致凉州官军等不到援军而陷入苦战，之前凉州官军为了对抗叛军，就招兵，招募到樵夫马腾，他是天水郡兰干县前县尉的儿子，马腾作战有功，升为将领。

但由于幽州援军无法抵达，凉州官军处于劣势，刺史被贼军斩杀，官军马腾叛变投敌，成为叛军，反而进攻官军，导致官军里公孙瓒的师兄弟傅燮阵亡。然后马腾与叛贼韩遂共同推举一个叫王国的人当头领，组建了一支联军，一起进攻司州三辅。三辅再往东是弘农，弘农再往东就是洛阳了。188 年，面对叛军汉灵帝吓坏了，要求新组建一支西园军，来保卫洛阳。

有人说了，汉灵帝那么怕吗？这不是怕的问题，这是汉灵帝要制衡，因为眼下士族和何家属于强势，宦官和太后属于劣势，汉灵帝要给宦官太后势力加能量，他选取宦官蹇硕当西园军的统帅。有人说了，宦官也能当军团统帅？别看不起宦官，这个叫蹇硕的，史书形容他是“壮健有武略”。

那士族和何家势力就眼睁睁看着对手变强吗？当然不会，既然是新建一支西园军，你们的人能保家卫国，能进西园军，那我们的人也可以啊。那就双方都安插自己的人，最后西园军整出八个校尉，上军校尉是蹇硕，是这支西园军的首领，这是汉灵帝定的。但是，中军校尉可以是袁家的人啊，一番操作下来，虎贲中郎将袁绍就成了中军校尉。助军右校尉冯芳，他是宦官曹节的女婿。右校尉淳于琼，就是官渡之战中的那个淳于琼，其实他是老资格了，他是袁绍的心腹。再有，可以让曹操来当典军校尉。

有人说了，他们想让谁当校尉谁就能当吗？这就靠运作了，而且你得有兵，你拉着一支队伍来，要保卫皇城，上面有人推荐运作，你就能并入西园军，那你才算校尉。那曹操的兵哪来呢？回家招，招来兵再回洛阳，袁隗这帮人再给弄进西园军当校尉。就在此时，刘备到了洛阳，与曹操一起回曹操家乡招兵。那刘备与曹操有啥关系呢？曹操就属于袁隗士族集团，而袁隗和刘备师父卢植论师兄弟，也就是刘备跟着自己师伯的手下去招兵。

说到这里，可能有人会问，历史到了这一年，刘备的兄弟关羽、张飞在哪？史书记载关张二人是刘备在家乡招兵买马时加入的，但没有说他们刚加入就与刘备恩若兄弟，也没有记载他们与刘备亡命洛阳。直到三年后刘备当了平原相，关羽的记载才出现。

回到 188 年，刘备和曹操招完兵，曹操带着军队去京城当西园八校尉里的典军校尉去了，那刘备呢？以袁隗为首的士族和皇后外戚集团给刘备的第一个任务完成了，有第二个任务吗？

这就要再看宏观，必须把宏观格局看懂，才知道刘备会分到什么任务。

189年，汉灵帝突然死了，他宣布谁是接班人了吗？这个有争议。

大将军何进和袁隗说汉灵帝说了，接班人是何家的史侯刘辩。

太监蹇硕自称，汉灵帝临死前对他说，要立的是董侯刘协。

蹇硕的计划是骗大将军何进来议事，要趁机除掉他，然后把董侯刘协弄成皇帝。结果由于蹇硕的司马是何进的人，看何进来了，给何进使眼色。何进发现不对，赶紧跑了，逃过一劫。

之后何进抢先把何家的史侯刘辩立为皇帝。

蹇硕怕了，要跟十常侍一起除掉何进，十常侍认为何家人已经当了皇帝，硬拼不行，得改变策略，他们卖了蹇硕当投名状，投靠何家，把蹇硕拉拢他们图谋何进的书信交给何进，何进名正言顺处死了蹇硕。然后何进又杀了董侯刘协的表叔骠骑将军董重和董后刘协的亲奶奶董太后，发现没，他们都姓董，未来还有董卓、董承、董贵人，董侯刘协依靠的力量都姓董。

现在何家强大了，何家大哥，是皇帝大舅，大将军；何家二哥是皇帝二舅，车骑将军；何家小妹，是皇帝亲妈；董太后，何家妈妈，是皇帝的外婆，舞阳君。

任何势力都不是铁板一块，一强大就会内耗。这妈妈、大儿子、二儿子、小妹看着亲如一家，其实有天然的裂缝，那就是妈妈是大儿子的后妈，大儿子和小妹是同父异母的兄妹，二儿子和小妹是异父同母的兄妹，大儿子和二儿子是异父异母的兄弟。二儿子和小妹都是后妈生的，但大儿子不是，这就给了十常侍机会，他们借此挑拨离间。十常侍说你们看着是一个家庭，但其实是两家人，何进现在位高权重了，会压制你们娘仨的。这番挑拨离间很有用，后妈娘仨听进去了。如果除掉何进，让二儿子何苗接替何进。那权利在这娘仨手里，他们都是一家人，就没外人了。

这十常侍厉害吧？先卖队友当投名状，打进敌人内部，再分裂敌人，让敌人二虎相争。但在这次斗争里，除了他们，还有一股势力，那就是士族，他们明面上是何进的队友，但他们要的并不是何进胜利，他们要的是士族的胜利，他们要的是外戚、宦官都完蛋，所以他们就要挑拨外戚何进去杀宦官。原本是一个稳定的局面了，但十常侍挑拨何家娘仨杀何进，士族挑拨何进杀十常侍。何进本不想这么做，但架不住士族能说会道的嘴。

为了让何进陷入鱼死网破的境地，士族怂恿何进从外面调军队来灭宦官，宦官一看何进动真格的，不给活路了，就决定与何进同归于尽，士族要的就是这结果。何进调来了两批军队，西凉的董卓、并州的丁原，董卓以前是袁隗的府官，自己人。但士族也不是完全信任董卓，所以调来丁原制衡董卓。同时还从大将军府派了一些将官去各地招兵，希望招来一些小军团当砝码，来平衡凉州军和并州军，要是凉州军强，小军团就支持并州军，同理，如果并州军太强，那就让他们支持凉州军。大将军府派出去多少将官呢？鲍信、王匡、张杨、张辽、毌丘毅，派出去五路人招兵。

刘备作为袁隗的师弟卢植的徒弟，那得给点活干啊，他接到的任务，就是跟随五路里面的毌丘毅一起去招兵。毌丘毅是大将军府的都尉。

毌丘毅去丹阳招兵，刘备同行，走到下邳，遇贼，刘备力战有功。

历史又重演了。官军邹靖去打黄巾军，刘备跟着去，有功，封安喜县尉。青州官军去打张纯，刘备跟着去，结果战败了，否则也能封个啥。大将军府打下邳贼，刘备跟着，又有功，这次封为青州北海郡下密县县丞。这种做法并不是只有刘备经历过，曹操也是跟着皇甫嵩、朱儁蹭战功，打完了直接升济南相，相当于市长级别。刘备蹭完了只是副县令级别，毕竟曹操和袁绍、袁隗关系更近，刘备跟他们的关系相对远一些。

孙坚也是一样，孙坚的父亲是种瓜的，但孙坚的叔伯家很强，他们家儿子孙孺能做到本郡功曹，我之前讲过，别驾、治中、功曹这都是本地强大家族才有资格当的。孙坚有强大的叔伯家存在，所以 17 岁就能当本郡代理校尉。对外的理由是，他敢一个人杀海盗。同年，孙坚跟着官军去打反贼，蹭经验，被刺史亲自报战功，后来还当了县丞。

不要认为孙坚是白手起家，哪个 17 岁的小孩儿能白手起家当代理校尉去打仗，打完刺史亲自给报战功？你们只知道孙坚的父亲是瓜农，但不知道人家叔伯是能把儿子弄成功曹的人。人家孙子后来更厉害，是袁术的汝南太守，汝南可是袁术的家啊，太守是那功曹的儿子、孙坚的侄子，后来被封为征南将军。

好，说回刘备，刘备当了下密丞，但是“复去官”。又不当这个官了，这是为什么？

这就又要从宏观的顶级斗争来看了。

士族调董卓、丁原来，又五路招兵，然后看局势发展。果然，宦官觉得没活路了，要鱼死网破，就要设计除掉何进，就怂恿何进妹妹骗何进入宫。在何进妹妹的视角里，何进一死，二哥何苗接替何进，大汉的权利就全在我们娘仨手里了，就没外人了。何进这时候没意识到那娘仨早就跟自己不一条心了，就真去了，结果被宦官杀了；士族也早就做好准备了，何进这边一死，士族就带着大将军府的将官们去杀宦官，还把何苗一起灭了。这下何小妹傻眼了，这局面咋跟我想的不一样呢？然后董卓一看局势乱了，就带兵进来了，他抢先遇到了刘辩和刘协，刘协是董侯啊，董卓一想，我就姓董，我也可以是董侯亲戚啊，他就冒充董太后的族人。但丁原是个问题,有丁原制衡他,他做不大,于是董卓以并州牧的身份,命令并州的主簿吕布杀掉丁原,趁机吞并并州军。这下士族傻眼了,这局面咋和我想的不一样呢?于是袁绍、袁术、曹操三人逃跑,分别跑向冀州、荆州、兖州。士族再安排人骗董卓封了五个地方官,全是冀州、荆州、兖州的,袁绍、袁术、曹操三人到了地方,有这五个地方官在,立刻起兵反董,这下董卓傻眼了,这局面咋跟我想的不一样呢?

五个地方官和袁绍、袁术、曹操,这就是群雄起兵讨董卓的基础,之前不是派出去五路招兵吗?这五路本就是士族联盟的人,他们没赶上董卓和丁原的斗争,因为董卓出手太快,所有人都没想到,现在这五路正好可以加入士族联盟的反董联军。五路里的王匡、鲍信、张杨都加入了。张辽认死理,我是并州从事,我跟随并州牧董卓,他去跟董卓了。最后一路是毌丘毅,他的记载没了,但跟他同行的刘备呢?

裴松之引用的《英雄记》记载:"会灵帝崩,天下大乱,备亦起军从讨董卓。"再结合陈寿写的"复去官"。实际情况应该是刘备也去投盟主袁绍,加入士族联盟了。所以刘备"复去官""亦起军从讨董卓"。我们对比一下历史和演义的区别,演义说刘备打完督邮后,去投靠代州的刘恢,刘恢把刘备推荐给刘虞,刘虞派刘备去打张纯,有战功,封为下密丞。

史书记载刘备去的不是代州,是京城;刘备见到的不是刘恢,是曹操;刘备跟的不是刘虞,是将军府的毌丘毅;刘备的战功不是打张纯,是打下邳贼;但都是封为下密丞。打督邮是起点,当下密丞是落点。只有起点和落点一样,中间的过程都是演义编的。

第六章 刺客为什么杀不了刘备？

抖音扫码听讲解

因为关羽、张飞“侍立终日”啊，他们一整天都站在刘备身边，刺客咋下手？这刺客说了，那我晚上去。没用，刘备晚上和关羽、张飞睡一张床的。刺客说了，那我还是白天去，我不进去，我躲房子外面射箭。不好意思，那你一定瞄不准，因为刘备对“士之下者，必与同席而坐”，就是刘备经常跟老百姓坐一起，而且来的老百姓非常多。一屋子老百姓，人多到关羽、张飞只能站着，刘备和他们坐一起，你在房子外拿弓箭瞄准，能瞄到吗？这刺客说了，那我下毒，专门找刘备吃饭的小锅。这有点困难，因为刘备是“同簋而食，无所简择”，就是和老百姓同一个锅里舀饭吃，从不挑剔，你还真找不到刘备自己的小锅。

设想当时，刘备发现门外站个人，就叫进来一起吃饭。你赶快把弩藏好，没办法，被发现了，只能进来了。刘备不知道你是刺客，对你热情厚待，把你感动了。你直接告诉刘备，我是个刺客，我的雇主是本郡人，叫刘平，他一直看不起您，您当市长了，他觉得归您管很丢人，让我来刺杀您。我刚才说的不是段子，是真实的历史，是刘备当平原相时发生的事。从这里可以看出刘备是多么得人心。

说到这里，有人会问，前面不是说刘备“复去官”吗？怎么这里又当平原相了呢？因为刘备参加了反董联军，被任命为高唐尉，不久升为高唐令。后来刘备被黄巾军击败，于是去投奔了公孙瓒，公孙瓒任命刘备为别部司马，师兄弟又相聚了。

再说刘备在京城加入了袁隗的士族集团，那此时为什么放弃袁绍去投奔公孙瓒？可能原因有三：首先刘备不认同袁绍的霍光梦；其次公孙瓒在伐讨黄巾军的过程中立了功，现在名震河北；最后，公孙瓒毕竟是刘备“以兄事之”的人。

192年，公孙瓒与袁绍之间的界桥之战爆发了，但史料没有刘备参战的记载。此战公孙瓒战败，但同年公孙瓒反击，大破袁绍军。公孙瓒又乘胜追击，一口气打穿冀州渤海郡，占领青州平原国，公孙瓒让他自己私封的青州刺史田楷守在平原。

后来，公孙瓒和盟友陶谦制订了一个计划，要三路同时出兵，进攻袁绍和曹操，从哪三个地方出兵呢？一个是平原国的平原县，一个是平原国的高唐县，另外一个是兖州东郡的发干县。

发干县是陶谦出兵。平原县，公孙瓒调来了他私封的兖州刺史单经。单经是兖州刺史，任务很明确，这次打的是袁曹联军，打袁绍封的兖州刺史曹操，公孙瓒封的兖州刺史单经是责无旁贷。

刚才说了陶谦从发干进攻，单经从平原进攻，那第三个点高唐派谁去？

公孙瓒的军队几乎都是幽州人，大部分人连往南的冀州都没去过，更别说更南的青州，那谁对青州了解呢？刘备，他当过青州北海郡的下密丞，当过青州平原国的高唐令，此时舍备其谁？

所以刘备终于迎来了人生中第一次作为主力首发出场的机会。这是刘备有记载的人生第六仗，但却是第一次主场首发。

这就是积累啊，你看着刘备当过青州下密丞、青州高唐令没啥用似的，但在特殊的时候，他会形成一种优势。

有人说，不是，刘备能获得这个机会就是因为他是公孙瓒的师弟。

不否定，有这个因素。但刘备在青州当官的经历也很重要。

有人说了，那刘备获得这次机会，真实的原因到底是因为他是公孙瓒的师弟，还是因为他当过两次青州的官呢？

都重要。人生是实力加人脉，光有人脉，没实力不行；光有实力，没人脉也不行。

你想，公孙瓒这次要重用刘备，底下有人反对，公孙瓒一句话就顶回去了，我师弟在青州当过两次官，对青州了解，所以我派他。你不服，你在青州当过官吗？你了解青州吗？你要在青州当过两次官，那我也派你去。这样谁不服？

看见没，如果刘备没这个经历，那底下反对，公孙瓒说啥？公孙瓒说，他是我师弟，我就要重用他，你们不服啊，不服离职啊。那你看看公孙瓒以后还咋带团队。

人生就这样，你觉得浪费的经历，可能未来会是你的财富。

好，刘备要离开幽州了，这是他最后一次离开幽州，这次走后，他将永远告别故乡幽州，从此浪迹大汉，一生再未回去，再未见过刘子敬、刘元起、刘德然和家乡的大桑树。

好男儿志在四方，大汉十三州任君翱翔。刘备终于不用跟着正规军蹭经验了，这次自己就是征伐型正规军，而且是统帅。但刘备此时的身份依然是别部司马，手下就一千人，这怎么能当主力呢？还得公孙瓒支持啊！《三国志·蜀书·关张马黄赵传第六》明确记载，"瓒遣先主为田楷拒袁绍，云遂随从，为先主主骑"。此战未成年的小将田豫也进入刘备军，田豫还未成年，把自己托身给刘备，刘备非常欣赏田豫。刘备带着赵云和田豫出发了，得此二将，如虎添翼。到了平原国，田楷作为青州刺史，会给刘备增加兵力，满足三军联合进攻的需要。

这仗结果如何呢？《三国志·魏书·武帝纪第一》记载："瓒使刘备屯高唐，单经屯平原，陶谦屯发干，以逼绍。太祖与绍会击，皆破之。"袁绍和曹操联合反击，挡住了前来进攻的三路联军，也就是刘备他们没打下来。有人问了，说了这么多，结果没打下来，这有啥用？很有用，这是刘备第一次指挥一路征伐军作战，获得了宝贵的指挥经验。打仗自古易守难攻，攻不下来是常态，而且三路都没攻下来。尤其是另外一路是兖州刺史田经，他是刺史级别的，刺史都没胜利，凭啥要求别部司马刘备要胜利。而且，这一场战役的战略目的已经达到了。

有人说，这不是败了吗？达到什么战略目的了？

公孙瓒军刚占领青州的平原国，最怕的是什么？是占不住，地盘再丢了，这次联合进攻等于以攻代守，目的是保住胜利果实。

这个目的达到了。打完此战后，袁术带兵对袁曹集团发起了一次进攻；陶谦又一次进攻曹操，并占领曹操的兖州泰山郡里的华县、费县两个县，然后再进攻兖州任城郡。这点很颠覆，我们一直认为是曹操在欺负陶谦，其实陶谦参与了联合进攻，又占领了曹操两个县。这才引发曹操后来反击，就是一打陶谦，陶谦接着一怒杀了曹操的父亲，曹操又二打陶谦。这都是后话，现在还在曹操一打陶谦之前。

这个阶段，袁曹联军一直是防御的姿态，没有主动出击。所以田楷站稳了青州平原国，刘备以别部司马的身份跟随田楷，继续防御袁绍军。

《三国志·蜀书·先主传第二》记载，刘备"数有战功，试守平原令"。

刘备在与袁绍军的反复交战中，有了几次功劳，田楷让刘备尝试着来当青州平原国的平原县见习县令。

那刘备这个见习的转正了吗？不光转正了，还升职了，升为平原相，太守级别，也就是市长级别。

这是刘备人生中第一次坐到太守级别。

刘备历经安喜尉、下密丞、高唐尉、高唐令、平原令后，终于告别了县级，成为平原相，是太守级别。

刘备能升到太守级别，全靠打袁绍。此时刘备的老师卢植还在袁绍那当军师呢，万一哪天卢植随军时，骑马在刘备对面，不知二人如何相对。不过幸好史料里没出现这种记载。

再说说刘备的管理能力。

刘备当上平原相后，除了自己的直属军外，又创建了两个独立营，他需要封两个别部司马，那他封给谁了呢？他封给了关羽、张飞。现在关羽、张飞终于是各自指挥一个营，也就是一千人的指挥官。

然后，刘备对别部司马身份的关羽、张飞那是“寝则同床，恩若兄弟”。

193年，刘备继续当平原相，此时发生了北海救援战。黄巾军将领管亥围困北海国，北海国的国相是大家的老熟人孔融。孔融所在的北海国隔壁是东莱郡，东莱郡有个知名人物太史慈。太史慈逃亡去辽东了，孔融多次派人去慰问太史慈的母亲。后来太史慈从辽东回来了，恰好此时黄巾军管亥围困北海。太史慈的母亲就说了，孔融对我不错，你快去救他。太史慈单枪匹马就去了，趁夜晚黄巾军松懈，就偷偷进了城，太史慈建议孔融派兵随他杀出城去，但孔融不干，坚持要等待援军，但一直又等不到援军。孔融就提议派人去向平原国的刘备求救，太史慈自告奋勇冲了出去，直奔平原。到了平原见到刘备，太史慈把情况一讲，刘备大惊，没想到孔融竟然知道这世间还有我刘备。

刘备立刻派了精兵三千跟随太史慈去救援。

注意关键词，精兵三千，这时候的刘备是能派出三千精兵的，不光是兵，而且是精兵。

刘备自己作为国相，直属军队可能有一个军，也就是五个营。自己指挥一个营，另外四个营由四个军司马指挥，我猜测四个军司马可能是赵云、田豫、士仁、苏非。然后再加两个别部司马，关羽、张飞，总兵力七个营，七千人，现在派出去三千精兵。我猜测跟赵云、田豫的军队相比，关羽、张飞的两个营应该是精锐，覆甲率更高。

不过几个月后，刘备就只有一千士兵和一点乌丸混杂骑兵了，而且刘备的平原相身份也没了。

有人说为啥啊，难道刘备被公孙瓒撤职了？因为刘备失去了平原国的地盘，那还算啥平原相呢？那这到底发生了啥，刘备又被打回原点了？看史料，《三国志·蜀书·先主传第二》记载，“袁绍攻公孙瓒，先主与田楷东屯齐”。有人说了，咋没看懂呢？袁绍攻击公孙瓒，然后刘备和田楷向东屯驻在青州的齐国。不就这个意思吗？这里是较隐晦的写法，不参考别的史料真看不懂。

裴松之引用的《九州春秋》说袁谭刚到青州的时候，袁绍封袁谭当都督，不是刺史，后来曹操上表推荐袁谭为青州刺史，这其实就是个形式，汉献帝也收不到这个推荐表。

然后史料说，袁谭的领土在黄河西边，不超过平原地界而已。袁谭向北赶走田楷，向东攻击孔融，在那一片炫耀自己兵力的强大。

注意关键信息，袁谭占领了平原，赶走了田楷。再结合先主传里说的“先主与田楷东屯齐”就明白了，田楷为什么带着刘备向东屯驻在齐国，那是因为他们被袁谭打跑了。发现史书的神奇了吧？如果没有其他史料作证，你看光一句，刘备和田楷向东屯驻，你都没懂是啥意思。这就是史官的厉害啊！我明明被我老婆赶出卧室，只能睡客厅了。史料不写我被赶出卧室，只写我人在客厅。不知道的以为我在客厅会客呢，以为我在客厅写稿呢，其实是被赶出来，回不了卧室，只能在这。这就是为什么我们读史书，常常感觉不到本传主角的战败，因为史官写战败的手法千奇百怪，你不注意根本看不出来。

那你说陈寿撒谎了吗？没有，刘备和田楷确实屯驻到齐国去了。其实史料中那句“袁绍攻公孙瓒”已经给了我们暗示，陈寿要表达的不是袁绍本人攻击公孙瓒本人，而是袁绍军攻击公孙瓒军，那袁绍军的谁攻击公孙瓒军的谁呢？

那就是袁绍军的袁谭攻击公孙瓒军的田楷，所以刘备和田楷向东逃，屯驻在齐国。这两句是个因果关系。

这一年是 194 年，或者是快到 194 年了。然后明确到 194 年的时候，陶谦向田楷求救。为什么陶谦会向田楷求救呢？因为陶谦和公孙瓒是盟友，现在曹操在打陶谦，所以陶谦求救，田楷作为公孙瓒封的青州刺史，就带兵去救援陶谦，带了谁呢？刘备军团。此时刘备有多少兵力呢？史书记载：“时先主自有兵千余人及幽州乌丸杂胡骑，又略得饥民数千人。”刘备有一千军队和一些乌丸混杂骑兵，然后又获得饥民几千人。这阵容都不像是去救援的，更像是需要被救援的。哪个征伐型正规军去救援一个州，只有一千兵和几千饥饿的灾民？这确定是一支援军队伍？有人说了，这不是刘备的全部吧？

注意看史料，“时先主自有”，当时刘备自己只有这些。

我们对比一下，193 年刘备当平原相时，大手一挥，三个营的精锐军队去救援孔融。

这到了 194 年，平原国被袁谭占了，刘备被赶到齐国，自己手里的兵力只有一个营，加一点乌丸混杂骑兵。

这时的刘备不仅缺兵，还少将，赵云的兄长去世了，他要回老家办丧事，没跟刘备去徐州。当刘备见到陶谦后，陶谦表举刘备为豫州刺史，这时幽州的田豫也以母亲老了为理由，告别刘备回幽州了。

也就是刘备在徐州时代，失去了赵云和田豫。赵云回冀州了，田豫回幽州了。后来在官渡之战时，刘备投靠了袁绍，回到了冀州，赵云就在冀州，所以赵云又跟了刘备。刘备后来再也没回过幽州，所以再也没遇到过田豫。

刘备在徐州时代的主力，只有他之前封的两个别部司马，关羽、张飞。

所以袁谭的这次进攻对刘备的伤害很大，可以说是又打回原点了。

有人说了，刘备有这么惨吗？看演义咋没感觉到？那我们再来对比下演义。

正史里，刘备是以别部司马的身份跟随田楷参加了三路联军围攻袁曹，然后又数次战袁绍军有功，得到一个见习平原令的机会，然后升为平原相。

演义里很简单，刘备在讨董之前，就被公孙瓒封为平原令了，在讨董结束后，公孙瓒直接封刘备为平原相。演义大量简化了过程，刘备参与三路联军围攻袁绍和数次打袁绍军有功都被省略了。

正史里，太史慈找刘备要援军，刘备派了三千精兵，太史慈带着援军到了，黄巾军一看有援军来了，就立刻撤退了。演义里，也是让关羽、张飞带三千精兵去救援，但给关羽增加了战功，让关羽砍了包围北海的黄巾军头领管亥。历史上管亥没死，而是跑了。

正史里，刘备、田楷被袁谭击败，赶出了平原国，赶到了齐国。这一段演义里没有。

正史里，刘备去救援徐州，只有一千兵和一点乌丸混杂骑兵，还有几千饥饿的灾民。但演义里改为刘关张带了三千兵，赵云又带了两千兵，一共五千兵去救援。历史上赵云根本没跟刘备去徐州，演义里改为赵云也去了。历史上的赵云一辈子也没去过徐州。

如今的刘备心情复杂，他该如何翻身呢？

第七章

刘备第一次打曹操 打的哪？

打的“腰”啊。《三国志·魏书·武帝纪第一》记载：“谦将曹豹与刘备屯郯东，要太祖。”这个“要”是通假字，通“腰”，就是攻击曹操军阵型的腰部。有人问了，刘备27岁不是跟33岁的曹操回过家吗？他们俩感情那么好，刘备怎么能打曹操呢？刘备第一次打曹操，是在曹操第二次打陶谦的时候，这个时候刘备是陶谦军，陶谦军要反击曹操。有朋友说了，刘备来帮陶谦，是来帮忙的，咋变成陶谦军了？《三国志·蜀书·先主传第二》记载：“既到，谦以丹杨兵四千益先主，先主遂去楷归谦。”刘备一到徐州，陶谦就给了刘备四千丹阳兵，然后刘备就脱离了公孙瓒封的青州刺史田楷，脱离公孙瓒势力，加入陶谦势力。

有人说了，陶谦看上刘备啥了？刘备是皇亲国戚，是中山靖王之后啊！有人说了，中山靖王生了一百多个儿子，一百多个儿子在河北繁衍了三百年左右，中山靖王之后得有几千人，刘备这皇亲国戚有啥好稀罕的。稀不稀罕不重要，重要的是陶谦表举刘备当豫州刺史，曹操后来又表举刘备当豫州牧，刘豫州这个称呼就是这时得来的。

刘豫州代表啥？按照废史立牧的规则，188年开始，必须是皇亲国戚或京官重臣才能当刺史州牧，刘备又不是京官重臣，朝廷认可他是刘豫州，只有一个原因，朝廷认可了他皇亲国戚的身份。所以，甭管中山靖王之后是几千人，还是上万人，这都不重要，朝廷承认了刘备是皇亲国戚，世人就都得承认刘备是皇族，这是最重要的。

有人说了，陶谦怎么看上刘备的，明白了。那刘备咋能因为四千兵就被收买了呢？咋能因为四千兵就背叛他的师兄公孙瓒了？这个话题复杂了。刘备为什么背叛师兄公孙瓒，我觉得要彻底解读这件事，还要看大视角，整体看一下逐鹿群雄之时到底发生了什么？当时袁绍、曹操、刘表是一个联盟；袁术、公孙瓒、陶谦是一个联盟。在第一阶段，袁术联盟向袁绍联盟发起猛攻。包括袁术派孙坚去打刘表；公孙瓒策划第一次三路联军进攻袁曹；袁术策划第二次四路联军进攻袁曹；公孙瓒与袁绍之间爆发界桥之战、巨马水之战；还有陶谦进攻曹操，占领曹操地盘。这是第一阶段，袁绍联盟挨打阶段。到了第二阶段，是袁绍联盟反击阶段。袁绍派儿子袁谭进攻青州，曹操反击陶谦，都在这个阶段。

其实这两个阶段，双方打的都是有来有回，互有胜负，看不出谁有能力吃掉对方，算是五五开。但就在第二阶段，公孙瓒做了一件无奈的事。这件事就是在袁绍反击阶段时，袁绍的盟友幽州牧刘虞进攻公孙瓒，公孙瓒打败并杀了刘虞。许多人骂公孙瓒是白痴，说公孙瓒如果不杀刘虞，他不会失败。

其实怎么说呢，袁绍拉拢刘虞是一招很高明的阳谋，因为刘虞是幽州牧，在隶属关系上是公孙瓒的上司，而刘虞又一直千方百计地限制公孙瓒的发展，所以袁绍和刘虞一联手，这迟早把公孙瓒整死，公孙瓒只会逐渐衰落下去。这招好比慢性毒性，一点点弄死你。

但如果杀了刘虞会有什么后果呢？可能有两种，第一种：公孙瓒犯众怒，你敢杀州牧，那州牧的下属不跟你拼命？再者，你一杀州牧，你就成了反贼，本州一些想取代你的家族这就有机会了。还有，刘虞和北方游牧民族关系好，刘虞开放了贸易，如果你杀了刘虞，关闭贸易，那北方游牧民族会不会来打你？第二种：刘虞并没有大家想象的重要，死了就死了，没人会为他出头。以前公孙瓒一直在自己吓唬自己，觉得刘虞不能动。但不动他，这个慢性毒药迟早毒死自己。反正都是死，不如试一下。

当然，还有一种理解，有人认为刘备和刘虞都是皇亲国戚，虽然公孙瓒是刘备的师兄，但公孙瓒杀了皇族的人，这就是反贼，他们不再是兄弟了。刘备趁着这个机会正好彻底脱离公孙瓒的势力。

有人说了，刘备想跟陶谦可以理解，那陶谦还看上刘备啥呢？除了以前说的早年可能认识之外，除了刘备是皇亲国戚，还有别的吗？

还真有。

聊这个问题，那要反向思考，陶谦军有啥劣势。陶谦军的主力是丹阳山越，在长江以南，山越少战马，不善于骑战。而刘备是从公孙瓒军团出来了，公孙瓒军最善于的就是骑战，虽然刘备只带了少量的乌丸混杂骑兵，但他会骑兵训练和骑兵战术，这足够了。虽然刘备的主骑赵云没跟着来，但关羽、张飞、田豫现在都在这，他们可能对骑射、骑战都有一定的经验，这恰好弥补了陶谦军的短板。

比如在曹操一打陶谦时，曹仁的骑兵军团作为先锋就很厉害，还击败了陶谦的将领吕由。现在有刘备了，让他训练山越兵打造骑兵团，下次就不怕曹仁骑兵军团了，这就有作用。

还有一点，陶谦和袁绍、曹操不一样，袁曹是反董卓起家的，站在朝廷的角度，他们是标准的反贼。朝廷并没有封袁绍当冀州刺史，也没封过曹操当兖州刺史。但陶谦不一样，他的徐州刺史是朝廷封的，而且是188年封的，汉灵帝还活着的时候，废史立牧时，跟刘虞同一个时代封的，这个刺史含金量非常高，就在193年，陶谦又派人去向汉献帝进贡，虽然汉献帝此时在李傕手里，但那也代表了朝廷，朝廷加封陶谦为徐州牧、安东将军，等于又认证了陶谦一把。所以他的正统性很强，他作为正统性很强的州牧，接收皇亲国戚刘备，一把给刘备四个营的丹阳兵，其他人也说不了啥，你不服气，你是皇亲国戚啊？你要是我也给你四个营，一下就堵住手下的嘴了。

原本只有一个营的刘备，现在有了五个营，也就是一个军了，又是一军统帅了，刘备守在郯县，等待着建功立业的机会。

在曹操第二次打陶谦时，刘备给曹操来了点不一样的。《三国志·魏书·武帝纪第一》记载："复征陶谦，拔五城，遂略地至东海。"说曹操打了陶谦五座城，一口气打到东海郡。五座城是哪五座不知道，只知道一口气打到东海郡。曹操为什么要打东海郡呢？因为陶谦的治所在东海郡的郯县，看来曹操是来打陶谦的总部的。但史书里接下来写的是"还过郯"。就是打到东海郡，回过头来，路过郯县。这个表述就很奇怪了，曹操不是来打陶谦的总部郯县吗？他一口气冲过了，郯县在曹操背后了，曹操大军调过头来，面对的才是郯县。

有人说了，那是先打掉郯县的犄角啊，就好比要打襄阳，得先攻下樊城。这说明是曹操把郯县的犄角攻下后，调过头再来攻打郯县。这个逻辑挺有道理，但我们注意看史料，史料写的是"还过郯"，而不是"还攻郯"，是曹操掉过头来往回走，路过郯县，而不是掉过头来往回走攻击郯县。这说明什么？说明曹操是要调头回家了，没打算打陶谦的治所，只是路过而已。

为啥会这样呢？曹操估计没啃掉犄角，失败了，他估计自己也啃不下郯县，就撤退了。那问题来了，为什么曹操二打徐州，一上来就目标明确，直冲犄角去了？为什么曹操没打下来就立刻放弃了？我个人猜测，这是第一次打徐州时得到了教训，自己总结的经验。因为郯县的东边是徐州第一富豪，州府第一大吏，别驾糜竺的家乡朐县，他家共有佃户、部曲上万人，麋家组建个五千人的全甲精锐军不成问题。所以曹操总结了经验，不除掉朐县麋氏这个大掎角，就不可能啃下郯县，所以曹军目标明确，入东海直奔麋家而来。

结果，激战之时曹操的老家被吕布端了，曹操得立刻调头回家，徐州得救了。就在曹操火急火燎要回兖州时，他路过郯县城东，在行军过程中，曹军行军阵型的腰部突然遭到攻击。对，就是开头说的，“谦将曹豹与刘备屯郯东，要太祖”。曹豹和刘备攻击曹操军阵型的腰部。曹操立刻反击，打败了刘备和曹豹，但估计曹军也有一定的损失。

刘备和曹豹捅了曹军腰一下，这在徐州得算英雄了。刘备获得了啥好处呢？陶谦上表推荐刘备当豫州刺史，驻守在豫州的小沛。这对于刘备是个飞跃，刘备从此成为省长级别。知道这个级别意味着什么吗？当时的军阀都是各州的刺史、州牧，所以刘备这一次升级，在级别上等于和袁绍、曹操、公孙瓒、陶谦这一帮人一个级别了，再也不是别人的跟班了，终于当上一方诸侯了。所以这一步，意味着刘备自己成老板了。甭管大老板小老板，他自己是独立的老板了。

有人说了，陶谦这么善良啊，简直是大好人啊！残酷的斗争中，不存在大好人，陶谦作为军阀，他这么做，有他自己的目的。你必须了解这个人遇到的危机，你才能明白他为什么冒充大好人。那陶谦遇到的危机是啥呢？其实所有主公都面临一个本地人和外地人的麻烦。比如曹操，他为什么被吕布端了老家？因为他没处理好本地人和外地人的问题。曹操自己是豫州人，他带着颍川士族、曹家宗室这些豫州人去了兖州，那对于兖州人来说，豫州人就是外地人，曹操重用豫州人，不够重用兖州人，引发了以张邈、陈宫、高顺为首的兖州人的不满，曹操对这种不满采取的是压制手段，甚至还杀了兖州名士边让，这才导致曹操去打徐州时，兖州人扶植吕布做主公，要把曹操的豫州势力赶出兖州。所以曹操听说吕布端了自己的老家，赶紧退兵了。

陶谦其实遇到的问题一样，他是扬州丹阳人，他带着丹阳人到了徐州，对于徐州人来说扬州丹阳人就是外地人。陶谦打压本地人，结果使本地人不满，例如徐州名士张昭，直接拒绝与之合作。陶谦用不了本地人，只能把丹阳人当心腹，你作为徐州本地人，怎么看这事？会不会更加令你仇视外来的陶谦势力？兖州人想把曹操的豫州势力赶走，徐州人也想把陶谦的丹阳势力赶走。

但刘备的出现，使情况不一样了。陶谦可以说，你们徐州人觉得自己高贵，你们比皇亲国戚还高贵吗？皇亲国戚都愿意给我当下属，你们凭啥不愿意？同时，陶谦需要扶植一个新势力，来制衡徐州士族。这和刘表的情况很像，刘表也需要扶植一个新势力来制衡荆州士族。所以陶谦选择把刘备当藩属，来制衡徐州士族。所以刘表选择把张绣当藩属，来制衡荆州士族。后来刘备接替了张绣，成为刘表的新藩属。

那既然要当藩属，就要有自己独立的地盘，这点很重要，臧霸、太史慈、张绣、士燮这些藩属都是有自己的独立地盘的。

有人说了，徐州士族傻啊，怎么会允许陶谦创建出一个这种能量的藩属来制衡自己？这就得师出有名了。陶谦说，我让刘备驻扎在小沛，当门板防御曹操，谁有意见？谁有意见谁去当门板！刘表说，我让张绣驻扎在南阳，当门板防御曹操，谁有意见？谁有意见谁去当门板！孙策说，我让太史慈驻扎在豫章北部，当门板防御刘磐、黄忠，谁有意见谁去当门板！

这样藩属就立起来了。而且刘备是皇亲国戚，可以直接推荐当豫州刺史。注意，是豫州刺史，不是徐州刺史。刘备驻守的小沛是豫州的，不是徐州的。大部分人都以为小沛是徐州的，其实不是。而且小沛其实就是沛县，刘邦的老家，让刘邦的子孙当豫州刺史，驻守在刘邦的老家，是不是天经地义？这就是陶谦的操作。

陶谦扶植刘备当藩属来平衡局势，这是一招很高明的棋。刘备的皇族血脉能堵住徐州人的嘴。而且此时刘备处于低谷，是我陶谦把你扶成刺史，你不得感恩戴德吗？

所以大家看，陶谦这个行为，是为了提拔刘备而提拔刘备吗？非也，他是在救自己，不然兖州大崩溃的曹操就是他的榜样。兖州人能扶植吕布换掉曹操，徐州人就不能也扶植别人换掉他陶谦吗？当然可以，也许此时，徐州人就在思考这个问题。我们扶植谁来换掉陶谦呢？就在徐州人正思考对策的时候，陶谦突然病危了。徐州人盘算着，接下来会是什么局势？陶谦有两个儿子，他会传位给大儿子，还是小儿子呢？无论哪个儿子，都是扬州丹阳人，都是江外人，他们重要的还是丹阳山越人。一定要趁这个机会压制住新主公，不能让陶谦的儿子带着丹阳山越人再次压制徐州人。这个思路很正常。比如刘焉带着东州派压制益州本地人，刘焉死后，益州人也不想让刘焉的儿子带着东州人继续压制益州人。各州本土人的思路都是一样的。本地人对付陶谦的儿子和这群丹阳人，就已经够费劲了。结果陶谦临死前说了句话，把豫州刺史刘备弄来，徐州非刘备不可安也。

这句话明面上的意思是，曹操可能还会来打徐州，只有刘备能对付曹操，必须把刘备弄来，徐州才能安定。陶谦的潜台词是，把刘备弄来辅佐我儿子，相当于我儿子是皇帝，刘备是丞相，我对刘备有大恩大德，他一定会忠诚于我儿子，有刘备辅佐，我儿子一定还能继续压制徐州人，徐州人翻不起浪来。如果刘备不来，在我死后，我儿子带丹阳人在徐州，很可能被这些徐州人弄死。陶谦的这句“非刘备不能安此州也”被后世许多人误解为，陶谦要让刘备了接替自己成为徐州之主。这是一种错误的解读。袁绍死了，接班人是袁绍的儿子；曹操死了，接班人是曹操的儿子；刘表死了，接班人是刘表的儿子；刘焉死了，接班人是刘焉的儿子；孙策死了，接班人是孙策的弟弟。所以陶谦这句话的意思，是让刘备来辅佐他儿子，不是让刘备来当徐州之主的。但结果就是刘备当了家，陶谦的两个儿子没当官，后来是死是活也没记载。

有人问了，为什么会这样呢？其实逻辑很简单。糜家、陈家等人如果遵守陶谦的遗嘱，让刘备来辅佐陶谦的儿子，那他们集团就还是个丹阳山越集团，会继续压制徐州人。但如果糜家、陈家他们歪曲陶谦的话，说陶谦把位子让给刘备了，那刘备当了徐州之主后，还会重用这帮丹阳山越人吗？当然不会。这样丹阳山越人就无法再压制徐州人了。相反，刘备才来徐州一年左右，没有根基，许多权利会落入以糜家、陈家为首的徐州人手里，刘备只是他们操控的木偶。一系列操作行云流水，丹阳人还没反应过来呢，刘备已经是主公了，陈群立刻写信给袁绍，潜台词是：我们徐州势力跟袁绍派系合作，不再和公孙瓒、袁术派系合作了。所以徐州不仅仅是姓陶还是姓刘的问题，而是徐州换旗子了，从公孙瓒、袁术势力的地盘变成了袁绍、曹操、刘表势力的地盘。以陶谦两个儿子还有曹豹、沈耽为首的这些丹阳人傻了，我们压制了徐州人这么多年，现在徐州人得势了，会来报复我们吗？我们在徐州该怎么活下去？

刘备的号召力有多强？

196 年，刘备“复合兵得万余人”，这把吕布吓坏了，因为刘备的号召力非常强。官渡之战前，刘备打下曹操的徐州，“郡县多叛曹公为先主，众数万人”。几万人反叛曹操，支持刘备。这把曹操吓坏了，他先放下袁绍不管，亲自来打刘备。官渡之战时，刘备打许都，好几个县反叛曹操，支持刘备。这又把曹操吓坏了，他从前线把主力曹仁调回来，赶快打刘备。官渡之战后，刘备到了荆州，“荆州豪杰归先主者日益多”。这把刘表吓坏了，也是暗中防着刘备。赤壁之战后，雷绪率兵卒及其家属数万人投奔刘备。这就是刘备的号召力。

但是这种号召力有时也会带来麻烦，比如 196 年“复合兵得万余人”就出事了。

徐州换了旗子，惹怒了旧盟友袁术，他发兵来攻刘备，双方相持不下。但就在此时，有人趁火打劫，袭击下邳，这个人就是吕布。之前吕布偷袭曹操，后被曹操赶跑，吕布发觉徐州虚弱，便继续发挥偷袭特长，趁机袭击下邳。曹豹等人为了翻身，与吕布里应外合，夺了下邳，赶跑了守将张飞，还俘虏了刘备的家人。刘备听说丢了下邳，赶忙回救，但士卒早已无心恋战，纷纷溃败投降吕布。刘备只得带着残兵去攻广陵，想找个落脚之地。这时广陵已被袁术军攻占，两军交战刘备再败，这一下刘备又回到了原点，他几乎又一无所有了。再说丹阳人拥立吕布有功，以后的地位要压过徐州本土士族一头，于是糜家迅速出手支援刘备，曹操也“雪中送炭”,这样又使刘备军恢复过来了。刘备又有了资本,便向吕布求和。吕布初到徐州地界,人生地不熟,他又暗中提防袁术,不愿意四面树敌,便同意了刘备的求和。双方谈判的内容并没有记载,但刘备仍占据着下邳部分地区,他自己屯驻于小沛。

在说刘备之前,还要再说说袁术。自曹操挟持了天子,他可以天子的名义封官委任,当然面上还是要走程序,需要地方官先举茂才,朝廷再委任。就这样曹操与刘备好像委任状印刷机,两人配合极好,一个举茂才一个封官。如袁潭、袁涣都是刘备举过的茂才,陈群、赵俨、杜袭有可能也是刘备举荐的。这样可更惹怒了袁术,眼看曹操挟天子胡乱封官,自己早晚要完蛋。

于是 196 年,袁术计划要称帝。但眼前,要拆了敌人的委任状印刷机,得先除掉豫州的刘备,同时还要稳一稳自己的藩属吕布。之前袁术跟吕布有个约定,袁术给吕布二十万斛粮食,吕布给袁术当藩属。但是袁术没给那么多,那吕布要不要履行约定,继续给袁术当藩属呢?所以两人之间的关系若即若离,存在很多不稳定因素。袁术心里也明白,他现在要除掉刘备,这时候需要用吕布这个藩属。那怎么办呢?有人说,那你把二十万斛粮食补齐,约定不就生效了吗?但袁术不这么想,这就不是大老板的做事风格,把二十万斛粮食补齐,这谁不会,就这本事吗?掏钱解决问题算啥本事?

袁术决定让儿子迎娶吕布之女,要与之联姻。袁术什么家庭?四世三公的家庭!吕布当即同意。袁术一看,一分钱没花,这我放心了。于是派纪灵领三万大军去攻打刘备。

三万大军打小沛啊,这够刘备喝一壶的。这刘备扛得住吗?扛几下行,久了肯定扛不住,纪灵正打刘备呢,突然,吕布来了,带着一个营的步兵和两百骑兵就过来了。

纪灵纳闷了,这是干什么来了?我带三万人打刘备,你带这么点儿人来支援我?

你是来当观众的?

吕布在离小沛西南一里的地方扎下营寨,派人请纪灵去喝酒。

纪灵当时可能寻思:这是提前摆庆功宴吗?

结果纪灵一去,傻眼了,刘备也在,这是什么情况?这是庆功宴还是鸿门宴?不是刚说好跟我们家主公联姻的吗?这准亲家玩的啥?

吕布说大家别紧张,我们开个宴会,喝喝酒,吃吃饭,聚聚。

吕布对纪灵说,“玄德,布弟也”。这是史料原话。

很多人看到这不禁要发问,吕布不是小帅哥?刘备不是一把胡子的卖草鞋老头儿吗?在年龄上,刘备能是吕布的弟弟?

其实，吕布比刘备年龄大，大几岁不好说，估计大两到四岁。

吕布继续说，今天我弟弟被你们围困，所以我来救他，下面是吕布的名言，“布性不喜合斗，但喜解斗耳”。

于是吕布命令手下在营门中举着一只戟，吕布说，大家看我射这个戟的小支。

注意，这里要说一下。

第一，这个戟是普通的戟，不是吕布自己用的戟，许多人以为射的是吕布的方天画戟，其实不对。

第二，这个戟也不是方天画戟，汉末三国没这个武器，这个戟是卜字戟。许多人以为吕布射的是方天画戟，认为是一箭穿过那个戟上的小孔。其实射的是卜字戟的这个短横。

吕布说，如果我一箭就能射中短横，你们双方就和解，如果我射不中，你们继续战斗。然后吕布就射中了，所有人都惊讶，说“将军天威也”。

正史里没说射戟的距离多远，是百步啊，还是多少步，没提，谁也不知道。

人家说吕布是“将军天威”，反过来就是天威将军。估计罗贯中觉得这个名词很帅，就用在马超身上了，演义里给马超编了一个神威天将军的名号。所以，历史上马超没有神威天将军这个名号，只有吕布是“将军天威”。

就这样，吕布成功了。

史书记载，“明日复欢会，然后各罢”。

有人问了，这吕布咋想的，偷袭下邳打刘备的是他，现在跑来救刘备的也是他。

关于这一点，史料记载很清楚。

“术遣将纪灵等步骑三万攻备，备求救于布。布诸将谓布曰：‘将军常欲杀备，今可假手于术。’布曰：‘不然。术若破备，则北连太山诸将，吾为在术围中，不得不救也。’”

如果刘备被袁术击破，那袁术就会向北去联盟泰山诸将，谁是泰山诸将？臧霸、孙观、吴敦、尹礼、昌豨。

所以吕布很担心袁术和臧霸联手，这对自己非常不利。

我们回看史料里的这句话，“术遣将纪灵等步骑三万攻备，备求救于布”。

刘备为什么向吕布求救？为什么认定吕布会来救他？

就是因为吕布是拿刘备当门板用的，用他来堵袁术的，所以吕布不能让刘备死了，吕布和刘备是个很微妙的关系，既需要刘备活着，当门板，能堵住门，成为缓冲带，又不能让刘备变强，否则吕布就被刘备吃掉了。

这个关系眼熟吗？赤壁之战后，孙权对刘备也是这个关系，孙权要拿刘备当门板，堵住门，挡曹操，成为缓冲带，刘备不能太弱，弱了当不了门板，所以借部分荆州地盘给刘备，又不能让刘备太强，太强了自己打不过，所以刘备拥有益州后，就找刘备还部分荆州地盘。刘备不给，孙权立刻派吕蒙偷袭三郡，然后湘水划界。

还有个反例，就是刘璋，他也是拿刘备当门板，堵住门，挡曹操和张鲁，成为缓冲带，他也是不能让刘备太弱，否则挡不住，也不能让刘备太强，否则他打不过。结果刘备到了葭萌关，没有立刻去打张鲁，而是“厚树恩德，以收众心”。刘备开始收买人心，变强了。但刘璋人在成都，距离太远，刘备变强了，他不知道。最后被刘备吃掉了。

刘表的做法是“表疑其心，阴御之”。刘表怕刘备做大，暗中防着刘备。

所以我们来总结一下刘备使用法则：1、刘备是个藩属，作用是堵门。2、不能让刘备太瘦弱，否则堵不住门。3、也不能让刘备太强，他一旦长壮了，就要削弱他，否则他能要你死。

那回到196年，吕布正在使用刘备，他使用的怎么样呢？1、他用刘备堵门，挡住袁术去北联合臧霸的可能性，他成功了。2、刘备是不是太瘦弱，不能堵门呢？吕布很担心，因为纪灵带三万兵来，刘备再怎么强壮，也挡不住三万大军。3、那刘备会不会太强壮，咬死吕布呢？吕布一开始是不担心这个问题的，他认为刘备的成长速度不会太快，结果他错了。回到这章的标题，刘备的号召力有多强？

196年，刘备“复合兵得万余人”。刘备随随便便招兵一万，把吕布吓坏了。怎么会随便招兵就招一万，怎么做到的？幸亏纪灵来打刘备，吕布来看了一眼，否则他都不知道刘备能随随便便就招兵一万。不行，必须削弱他，把他打瘦回去，给他减减肥。然后史料就出现了神奇的一幕，按《资治通鉴》的行文顺序来看，上句话还是辕门射戟，又设酒欢宴，然后各自班师。下句话就是“备合兵得万余人，布恶之，自出兵攻备”。

刘备又一次被打败了，他失去了小沛，又没有城池了，再次带着流浪军团上路。

这是刘备第六次回到原点了。换成你，你能经得起几次？

这次失败后，“先主败走归曹公”。刘备投奔曹操去了。

曹操对此的态度是：“曹公厚遇之，以为豫州牧。”

曹操给兵给粮，对刘备大力支持，让他向东去打吕布。史书记载：“给其军粮，益与兵使东击布。”

刘备有兵有粮要打回小沛，那吕布是什么态度呢？

1、吕布吓得被动放弃小沛，狼狈逃回下邳。

2、吕布本来也没打算占着小沛，主动放弃小沛，回到下邳。

3、吕布坚守小沛，刘备打下小沛，吕布逃走。

4、吕布坚守小沛，刘备没打下小沛，只能驻扎在沛县地界内。

大家觉得哪种可能性大呢？

由于史料没有写具体过程，所以这些细节我们不得而知。但我个人更偏向于第二种可能，吕布主动放弃，因为吕布之前打刘备的目的，并不是为了消灭刘备，消灭了刘备，谁堵门呢？吕布只是觉得刘备太壮实了，削弱下刘备，给刘备减减肥罢了。现在刘备虽然回来了，但已经没有之前壮了，那就还让刘备继续堵门，等刘备一年或大半年后又长壮了，再给刘备减个肥。

那我们看一下这一段历史与演义的区别。

演义说是曹操以汉献帝的名义命令刘备去打袁术。

其实历史上，是袁术要抢回徐州，主动去打的刘备。而且他打刘备，也是主动想灭掉刘备，除去袁绍、曹操势力的这个羽翼。

再看演义，袁术的手下献计，说给吕布粮食金帛，让他按兵不动，袁术好灭刘备。而历史上是袁术之前答应给吕布二十万斛粮食，但没到位，吕布因此动摇了，袁术去联姻，吕布虽然答应，但并不信任袁术，所以袁术打刘备，吕布来救。演义改为，吕布出尔反尔，收了钱粮却不守信用。明明是袁术不守信用，演义改为吕布不守信用。

演义说袁术派纪灵为大将，雷薄、陈兰为副将，进攻小沛。正史里只说派纪灵，没说派雷薄、陈兰为副将。

演义说吕布摆了酒宴，纪灵来了，一看见刘备在，调头就走。吕布向前扯住纪灵之臂，如提童稚。正史里没这段记载，这也属于补充细节。

然后历史上刘备招兵一万，被吕布击败，刘备逃向曹操，曹操给刘备补充兵力，给刘备粮食，封刘备豫州牧，让刘备重回小沛，演义里彻底没写这一段。我个人猜测，如果写出这一段来，对塑造曹操奸诈坏人的形象不利，这么一写，读者会迷惑，曹操不是个坏人吗？所以为了曹操的反面形象设定，这段彻底放弃，而且这样也少写一场刘备的战败，对刘备的形象有好处。

回到历史，对于刘备而言，风雨飘摇的 196 年终于过去了，那 197 年又会发生什么？

第九章 刘备是摆鸿门宴的高手吗？

当然是啊！197 年，刘备摆鸿门宴杀了前大将军韩暹和前车骑将军杨奉。5 年后，刘备又摆鸿门宴杀了刘璋的将领杨怀。

那刘备是怎么斩的前大将军韩暹和前车骑将军杨奉，又为什么要斩杀他们呢？韩暹和杨奉原是黄巾军余部白波军将领，后归降朝廷，因二人保护汉献帝有功，分别被封为大将军和车骑将军。再后来曹操把汉献帝骗到许县，又攻击二人大本营，大本营守将徐晃投降了。二人只能带兵逃跑，去投靠袁术，结果又被吕布策反了，从此帮着吕布打袁术，但吕布自己粮食也少，养不起韩暹、杨奉。那这俩人的军队吃啥呢？按《后汉书·卷七十二·董卓列传第六十二》记载："遂纵暴杨、徐间。"就是在扬州、徐州之间抢粮食。按《三国志·蜀书·先主传第二》记载："杨奉、韩暹寇徐、扬间。"还是在扬州、徐州一带劫掠。按《英雄记》记载："布令韩暹、杨奉取刘备地麦，以为军资。"说吕布让他们去抢刘备的麦子。有人说了，吕布怎么又欺负刘备？

之前说过，吕布把刘备当门板，不能太弱，弱了堵不住门，也不能太强，太强了吕布打不过。去年，因为刘备招兵一万，吕布觉得刘备长胖了，得揍刘备一顿，给刘备减个肥。到今年 197 年了，刘备是不是又长胖了呢？吕布决定把刘备的粮食抢走，让他少吃点，减减肥。那刘备接受这个方案吗？

《三国志·蜀书·先主传第二》记载："先主邀击，尽斩之。"按陈寿的写法，是刘备率领军队进攻，凭军队硬实力除掉了敌人。

如果大家接受《三国志》的观点，那这是现有史料里，刘备军第一次独立进攻，并斩杀敌首大获全胜。之前和校尉邹靖打黄巾军，跟大将军府毌丘毅打下邳贼，都是跟正规军蹭经验。当平原相时救北海，刘备军一去，黄巾军就跑了。剩下的都是败仗。只有这次，是“尽斩之”。最关键的是斩的是大汉前大将军和前车骑将军，这应该是刘备军击杀的级别最高的两个敌将，第三名就是大汉征西将军夏侯渊了。有人说了，不对啊，不是开头说除掉他们是在鸿门宴上吗？怎么变成正面作战了？正面作战，是陈寿说的。但《后汉书》说不是，说是“左将军刘备诱奉斩之。暹惧，走还并州，道为人所杀”。这里先不讨论韩暹是谁杀的，史料记载有分歧，咱们注意前一句里这个诱惑的诱字，是刘备先引诱，而后斩之。有人说了，那不冲突啊，引诱也可以是在正面战场上啊。刘备去打头阵，假装撤退，然后前车骑将军就来追，结果进入了关羽、张飞的埋伏圈，被“尽斩之”了。这不冲突啊。但是，裴松之又说话了，他引用《英雄记》的记载，说“备诱奉与相见，因于坐上执之”。说刘备引诱杨奉与他见面，然后在酒席上抓了杨奉。

所以发现没有，《英雄记》和《后汉书》是没有冲突的，都是刘备引诱杨奉，一个写斩之，一个写座位上抓了。

那这和陈寿写的有冲突。后人是怎么看的呢？史学家司马光不相信陈寿，他相信《后汉书》和《英雄记》，他的记载也是韩杨二人劫掠徐州、扬州之间，然后军队饥饿，他们辞别了吕布。这里又不一样了，《英雄记》记载是吕布派他们抢刘备的麦子。但司马光写的是他们不愿意跟吕布混了，告辞了。当然，这两处其实也不冲突，可以先是吕布派他们去抢刘备的麦子，估计还是吃不饱，他们就告辞了。他们要去哪呢？司马光记载他们要去投靠荆州的刘表，但吕布不同意。吕布不同意，他们可能走不了，司马光又记载杨奉知道刘备和吕布有矛盾，于是私下与刘备见面，打算一起攻击吕布。刘备假装同意了，杨奉带着军队来到小沛，刘备请杨奉进城，饮食未半，在座位上就把杨奉捆了，然后斩了。

对比《三国志》《后汉书》《英雄记》来看，司马光加了好多细节。杨奉要投刘表，吕布不同意，杨奉秘密联盟刘备，要一起打吕布。这些内容都是那三本书里没有的，不知道是司马光自己编的呢，还是他有啥其他史料，后来失传了，只是当时他见过，现在我们没见过，这都有可能。

有人说了，那按这么说，《后汉书》《英雄记》《资治通鉴》都和陈寿写的不一样，那是陈寿错了吗？

我有一个设想，站在不否定任何史料的角度，能不能组合一下呢？

先是按《英雄记》记载的，吕布派前大将军和前车骑将军去抢刘备的麦子，然后按《三国志》记载的，先主攻击他们，他们逃回去了。因为没抢到粮食，在徐州吃不饱了，吕布又养不起他们，于是准备去投刘表。这就和司马光说的对上了，继续按司马光的理解，吕布不同意他们走，然后杨奉就暗中联络刘备，要和刘备一起打吕布。接着，按《英雄记》记载"备诱奉与相见"，再按《后汉书》记载，"左将军刘备诱奉"，然后按司马光说的，杨奉带兵到了小沛，刘备让杨奉进城，吃饭吃了一半，又按《英雄记》说的"因于坐上执之"，最后，按陈寿说的，"尽斩之"。

当然，如果你说只相信陈寿，这就是刘备军正面作战，大获全胜，没有这么多的情节，我觉得也可以。因为这都是史书写的，哪种理解都没错。

有人问了，杀掉杨奉二人对刘备有什么好处吗？别忘了，这俩人是带着军队来的，疑似是之前的白波军。白波军可是作战经验丰富，有一定战斗力。

那这些白波军现在归谁了呢？很可能归刘备了。

那么请问，现在谁最难受？当然是吕布啊，因为此消彼长，刘备军又壮大了。吕布咋办呢？吕布的第一反应是要骂人。

对，你没听错，骂人，他让袁涣写小作文骂刘备。

袁涣是谁呢？有人说了，是不是袁绍家的？之前说过刘备举袁谭和袁涣为茂才。当时豫州有两家姓袁的，一个是汝南袁氏，一个是陈郡袁氏，其实汝南袁氏是从陈郡袁氏里分出来的，也就是说这两家袁家老祖宗是一家人，但现在不算一家人了。我们光知道汝南袁氏四世三公，其实陈郡袁氏也了不得。袁涣的太爷爷叫袁良，当过广陵太守。袁涣的父亲位列三公，是司徒。袁涣未来在曹魏做到谏议大夫、郎中令。袁涣的几个堂兄弟也都很有才干。

当初刘备给袁涣举茂才，给自己当吏，估计下一步曹操就要给封官了，但袁涣没看上曹操、刘备，去投靠汝南袁氏的袁术了。

后来袁涣被吕布俘虏了，成吕布的人了，吕布现在逼着他写小作文骂刘备。

有人说了，这有啥用？袁家人在豫州是很有分量的，现在前司徒的儿子，而且是刘备举过茂才的，如果大骂刘备，这也许能削弱刘备在豫州获得的支持。结果这个袁涣坚决不干，吕布也没办法。吕布骂人计划没成功，但刘备可没闲着，他可能现在真的比吕布壮了。到了第二年，198 年，刘备干了件有趣的事，《英雄记》曰："建安三年春，布使人赍金欲诣河内买马，为备兵所钞。"吕布花钱买马，被刘备军给劫了。这是公然挑衅吕布。结果吕布忍不了，派"中郎将高顺、北地太守张辽等攻备"。高顺、张辽出场了，刘备再次陷入劣势。

于是刘备向曹操求救，曹操派夏侯惇来救刘备。

夏侯惇不善于作战，所以一般情况下，曹军是不会让夏侯惇出战的，夏侯惇的定位是守将，不到万不得已，不需要他出战。简单点说，夏侯惇的看家本领就是看家。但为什么曹操要派一个作战水平一般的人来救刘备呢？因为当时曹军正与刘表交战，实在抽不出人来。有趣的是，夏侯惇人生中两次被动作战都是因为刘备。一次是这次，没有人能去救刘备，只有夏侯惇了。另外一次是博望之战，刘备要奇袭许县，曹操在打袁家回不来，只得派后方的夏侯惇去拦截。

就是说，救刘备，没人了，夏侯惇上。堵住刘备，没人了，还是只能夏侯惇上。最有趣的是，救刘备，夏侯惇挨顿打，被高顺、张辽击败。堵刘备，还是挨顿打，夏侯惇中了刘备的埋伏。

《三国志·蜀书·先主传第二》记载："布遣高顺攻之，曹公遣夏侯惇往，不能救，为顺所败，复虏先主妻子送布。"

倒霉的不光是夏侯惇，还有刘备的老婆孩子，这次是被高顺俘虏了，高顺把刘备的老婆孩子交给吕布。刘备军又战败逃亡了，这是有史料记载的，刘备第七次战败。

我们来对比下历史和演义的区别。演义虚构了一个大聚会，说曹操喊着孙策、吕布、刘备一起来打袁术。这个正史里没有。

然后历史上是198年，刘备劫掠吕布的马，演义把这件事放到了两年前，就是吕布第一次打小沛的时候，让吕布第二次打小沛的导火索变成了演义里吕布第一次打小沛的导火索。因为历史上吕布第一次打小沛，是因为刘备招了一万兵，在小说里，无法讲明白为什么刘备招一万兵吕布就得打他，所以就移花接木，把第二次的理由放第一次了。然后细节上改为是张飞私自干的，刘备不知道，虚构了张飞和吕布单挑打了一百多个回合，再虚构说刘备批评了张飞，把劫掠吕布的马还给了吕布。这一段和打督邮的创作手法是一模一样的。历史上是刘备打的督邮，演义改为张飞打的，刘备不知道。劫马也一样，历史上是刘备劫的马，改为张飞劫的，刘备不知道。历史上刘备打算杀了督邮，演义改为刘备来救督邮。历史上是刘备主动劫的马，应该是故意气吕布，没说马又还给了吕布。演义改为是刘备批评了张飞，把马还了吕布。

有人说了，那演义把第二次的理由放第一次，那第二次怎么办？

演义给编了一个，说曹操计划联合刘备一起打吕布，但信使被陈宫打猎时无意抓住，获得密信，吕布恼怒，要同时进攻曹操和刘备。

这一段是杜撰，历史上是刘备主动劫马挑衅，导致吕布打他。演义里变成了曹操要带刘备打吕布，吕布得知后要打曹操，顺带打刘备。

历史没有战争细节，演义合理补充了，这里还增加了关羽和张辽的感情线，为未来做伏笔。

回到历史，刘备第七次战败了，逃到梁国地界，再次成了没有城池的流浪军团，而且老婆孩子还在吕布手里，刘备该怎么办呢？

第十章 刘备跟着曹操屠过城吗？

抖音扫码听讲解

198 年 10 月，“备于梁国界中与曹公相遇，遂随公俱东征”，“冬十月，屠彭城”。这是曹刘联军灭吕布的战争，在打下邳之前，先屠了吕布军的彭城。那么问题来了，这是曹刘联军一起屠城吗？从现有史料来看，很有可能是这样。曹刘在梁国相遇，成为联军，一起打到彭城，屠彭城，然后一起打到下邳，灭吕布。有人说了，不对，刘备是仁德的，不会屠城。

由于史料模糊，缺失细节，咱们只能推测。

听说曹刘联军到了彭城，陈宫对吕布说，你赶快去救彭城，曹操长途跋涉，军队疲惫，我们以逸击劳，无不克也。吕布则认为不如等曹操打到下邳来，把曹军都赶到泗水里淹死。注意，此时陈宫和吕布的观点发生了冲突，陈宫要求吕布去救彭城，吕布不去。那结果就是“屠彭城，获其相侯谐”。然后曹刘联军进攻下邳了，那是谁当先锋对吕布发起攻击呢？

有人说，那肯定是曹军。

有人说，也可能是刘备军。非也非也，都不是，先锋是陈登军。是的，你没有听错，徐州大士族陈登。有人说了，陈登怎么会在这里？他加入曹军了？史料记载：“太祖到下邳，登率郡兵为军先驱。”就是广陵太守陈登带着广陵郡的兵来当先驱。这说明陈登已经叛变吕布，并回头攻击吕布了。

此时如果你作为下邳城里的吕布军是什么感受？先是听说彭城被屠，很担心下邳也被屠。然后突然看见陈登造反，还带兵来攻城，下邳城里的世家大族们一看陈登反了，都懂了。有人问，懂啥了？陈登是徐州士族之首，他反了，那徐州大大小小的世家大族们还支持吕布吗？再有，陈登作为士族之首在为曹操卖命，那曹操击破下邳后，还会屠杀下邳城里的徐州世家大族吗？当然不会了。

所以现在下邳城里，出现了第一次分裂，城里的世家大族们内心已经叛吕投曹了，只是嘴上不承认，承认就死了，明面上喊着与吕布共存亡，内心都在暗中帮助陈登。

情况就是这样，陈登要围城了，一旦围城就围而不赦了，为了整个下邳不被屠，也为了吕布自己的命，吕布只能出战，阻挡陈登围城。

史书记载："布自将骑逆击。大破之，获其骁将成廉。"

这个大破之，是吕布被大破之，他的骁将成廉成了俘虏。

吕布只能退到城里，然后陈登带兵合围了下邳，并每日急攻。吕布站在城头，对曹军大喊："卿曹无相困，我当自首明公。"这句话许多人翻译成"曹操你别围困我，我自首投降"。其实翻译的逻辑都不对。什么叫"无相困"？许多人理解为不要围困我。其实不是，应当翻译为就当没有围困我。意思是现在陈登军已经围城了，按曹操的规矩，围而不赦，整个下邳的人都要死。吕布说，可不可以就当没有围城，我来自首。其实如果真是这样，是个不错的结果，吕布把自己绑了，投降曹操，整个下邳全城人活命了，这个结果真的很不错。但有人不干了，谁？陈宫！"陈宫等自以负罪深，沮其计。"以陈宫为首的兖州士族们之前背叛过曹操，知道曹操必须杀了他们，否则曹操以后就没法管兖州了。兖州士族们知道，城破了，徐州士族是曹操的英雄，并州军团换个老板继续打工，但兖州士族活不了了。所以坚决反对，陈宫说："若卵投石，岂可得全也！"你以你为吕布投降了，下邳全城就安全了？你太天真了。

曹操定的围而不赦，必须屠，现在已经围了，你说当作没围，这能当作吗？就算曹操口头上说，可以当作没围，你吕布自己一去投降，他曹操还是会屠下邳的，你别傻了。

这是陈宫的逻辑。有人说了，我怎么感觉陈宫是小人呢？好像做的一切不是为了吕布，而是为了他自己，或者说是为了以他为首的兖州士族们。就是这样的啊，没错啊。吕布军最大的问题就是吕布无法处理好并州军团、兖州士族、徐州士族三方的关系，从而造成内乱，现在有陈登造反，之前还有郝萌造反，郝萌的同党就是陈宫。有人说了，那不对啊，陈宫和高顺都是兖州士族，为什么陈宫参与谋反，而高顺反而救吕布呢？

之前这群兖州人被迫离开兖州，跟着吕布到了徐州，内部逐渐出现分歧，一部分认为应该谋反；一部分认为应该相信吕布，只有继续支持吕布才有出路。

那吕布该怎么面对兖州士族们呢？陈宫谋反这事，吕布并没有处理陈宫，因为不能处理，吕布如果动陈宫，那不就是彻底与跟随他的兖州士族为敌了吗？

主公要存活是需要制衡的，下面平衡了，稳定了，自己才能稳固。

所以吕布不能彻底放弃兖州士族，又要开始提防兖州士族，包括对高顺，都提防，他把高顺的陷阵营交给自己的亲戚魏续掌管，等需要打仗了，再把军队还给高顺。对陈宫那更是处处提防，陈宫让吕布去救彭城，吕布大脑里翻译过来就是，陈宫要把自己骗出城，好搞谋反。所以曹操刚到时，陈宫提出让吕布带兵出城，跟陈宫来个掎角之势，这吕布能干吗？吕布的回答是，我老婆不同意。说老婆不同意，就是个不撕破脸的回答而已。但现在下邳城里的人都要完蛋了，该咋办？陈宫说，向袁术求救。有人说了，吕布跟袁术这种面子上的关系，那袁术能理他吗？如果是个武侠故事，讲恩恩怨怨，那肯定不行。但历史人物用的是政治思维，唇亡齿寒这个道理一目了然。吕布同意了，派自己的心腹管家秦宜禄去，其实这个人本来叫秦宜，他的身份是宜禄，宜禄是仆人、管家的意思。所以大家都叫他秦宜禄，他是老资格了，吕布杀董卓他就参与了。秦宜禄带人冲了出去，一路奔向袁术的地盘。

再说刘备军从梁国遇曹操，直到擒吕布，这段时间，刘备军具体做了什么，任何史料都没记载。屠彭城时，刘备军干什么呢？陈登围城时，刘备军干什么呢？水淹下邳时，刘备军干什么呢？都不知道。

我们继续看曹刘陈联军打吕布。那袁术收到了求救是什么反应呢？他派兵了，但战败了，又退回来了。袁术只能声援吕布，摇旗呐喊。有人说了，袁术是故意不想派兵吧？还真不是，他是现在太弱。他称帝后众叛亲离，实力大减，他现在是真不行。与此同时，吕布的老同事张杨也想救吕布，但他距离太远，也只能摇旗呐喊。吕布被困在下邳城里，久久不见援军，他决定最后一搏，带军队出城交战，却又被曹刘陈联军击败，只得退了回去。这下下邳城里的人心态崩了，袁术没来，交战打不赢，这彻底完了。

有人说了，那咋办啊？咋办？背水一战呗，破釜沉舟呗。反正死定了，敌人也不会赦免，那就跟敌人拼了。结果，奇迹出现了，曹刘陈三军久攻不下，打不动。这就是传说中的置之死地而后生。这也是曹操围而不赦方案的一个弊端，很容易向死而生。曹操围而不赦的本意是迫使敌人早点投降，结果动不动就把敌人弄成硬骨头了。5年后，曹操打高干的壶关，也是一样的问题，曹操扬言全部坑杀，却把对方逼成硬骨头了，曹操打不动，曹仁就说，你不能这么打仗，围城必须给敌人一条生路，否则敌人看不见希望，那不跟你拼命吗？曹操转变政策，不屠了，敌人反而投降了。现在下邳之战，就遇到这个问题。史料记载："攻之不下。时公连战，士卒罢，欲还。"就是怎么都攻不下了，打的时间久了，士兵不愿意打了，曹操打算撤退了。是的，你没有听错，曹操要退兵了。曹操要退兵，荀攸和郭嘉两人反对，然后史料记载，曹操用了荀攸、郭嘉计谋，"遂决泗、沂水以灌城"。

我小学时一直觉得引水灌城是个不可思议的计谋，怎么能做到控制河水去淹敌人呢？长大后，渐渐有了理解，水往低处走，无论怎么操作，基本条件一定是城池在低处，水在高处，这样水才能淹到城。我家在淮河边，淮河一涨水，水位就会高于城市，所以河堤非常高，如果河堤一旦断了，那整个城市就都没了。虽然我们不知道具体曹操是怎么让泗水、沂水灌入下邳的，但要达到水淹城池的效果，估计就是把堤坝拆个大口子，河水居高而下，把下邳城淹没了。你看史料短短几行字，可能毫无感觉，也不明白洪水的破坏力。水灌下邳的效果和屠城其实差异不大。而且是房倒屋塌，把整个城池全毁了。面对下邳军的顽强反抗，曹操没想过掘开堤坝吗？也许想过，只是没下这个决心。有人说，曹操都能屠城，还下不了这个决心？

屠城从来不是目的，逼迫敌人投降才是目的。现在曹操面临两个选择：一，退兵，准备好了再来灭吕布。二，用水灌城，彻底毁了下邳。曹操屠了彭城，又来了一次水灌下邳，从此以后和徐州人就结下血海深仇了，因此曹家后来都无法实际统治徐州，只能交割青徐二州给藩属臧霸管理。曹操下不了这个决心，但荀攸和郭嘉认为不能撤退，为什么？因为之前曹军被张绣、刘表击败，现在跑来打吕布，如果再败，军队还有士气吗？许县里还软禁着汉献帝呢，如果你曹军连续战败，会有其他人趁机来打许县抢夺献帝，那就更加一败涂地了，可能曹军永远无法翻身了。而如果我们心一横，淹了下邳，吕布灭亡，可以震慑各个诸侯，说不定骑墙派会投靠我们，比如张绣这种。同时许县也更稳固。

面对这种情况，其实是徐州士族最吃亏，陈登是我们首领，他都叛了，都支持你曹操了，我们的人都在暗中配合曹操。结果呢？迎来了大洪水，房倒屋塌，死伤无数。我们是下邳城的世家大族，这毁的都是我们的房子、我们的楼，死的都是我们的佃户、我们的门客、我们的族人、我们老婆孩子。万没想到，我们首领陈登那么卖力为你们曹军作战，结果城里的我们迎来了一个这样的结局。所以徐州人和曹操未来无法一起合作了。

再看并州军团，我们是武人，打仗的，吕布带我们跟董卓，我们就为董卓打仗；吕布带我们跟王允，就为王允打仗；带我们去兖州，跟兖州士族合作，那就跟兖州士族一起打仗。现在曹操来了，投降曹操，继续为曹操打仗就是了，这就是以张辽为首的并州军团的想法。结果兖州士族因为知道自己活不了，就不让吕布投降，拉着我们陪他一起挨打，现在好了，大洪水进来，我们死伤无数。最坏的就是兖州士族。洪水更激发了吕布军内部的矛盾。

于是侯成、魏续、宋宪等将领绑了陈宫和高顺，打算开城门投降。

注意，这和我们的传统印象不一样。他们不是绑吕布，他们绑的是陈宫、高顺两个兖州士族首领。

为什么他们不恨吕布，恨的是兖州士族？

因为吕布站在城楼上，看着左右说，你们砍了我的头，去投降吧，这样也许能保住你们的命，左右的将领们不忍心这么做。

就这样，下邳城门开了，吕布军投降了。吕布、陈宫、高顺等人被杀，张辽投降。

刘备的儿子被拐卖过吗？

抖音扫码听讲解

刘备的老婆死过好几个吗？是的，先说刘备儿子被拐卖这件事。

200年，刘备反叛曹操，驻扎在小沛，曹操突然来打刘备，刘备没管老婆孩子，就带着骨干跑了。估计刘备的儿子当时只有几岁，见曹兵来了，就逃窜躲避，后来被一个人带到了汉中给卖了。

211年，关中破乱，有个扶风人叫刘括，他避乱进入汉中，买到了刘备的儿子，问后知道是良家子，就收为养子，养大后给他娶了个媳妇，还生了个儿子，也就是刘备的孙子。

刘备的儿子与刘备失散的时候，虽然只有几岁，但知道父亲叫玄德，记得隔壁房间住的人姓简，指的是简雍。刘备作为刘璋的藩属到益州后，刘璋派刘备去抵挡张鲁，刘备就派遣简雍去汉中与张鲁交涉。刘备的儿子听到了这个消息，赶忙跑到张鲁府邸，要见简雍，说自己是刘备的儿子，简雍见到后一聊，发现说的事都对的上，就把这事告诉了张鲁，张鲁就派人把刘备的儿子送到益州去了。

这个事情是谁记载的呢？是魏国的史官鱼豢，他咋知道的这事呢？因为215年，张鲁投降曹操了，估计是听张鲁本人或张鲁势力的人说的。但刘备这儿子叫啥呢？可能张鲁势力的人没在意，魏国史官鱼豢也不知道，所以不知道刘备这儿子叫啥。219年，刘备立了个太子，估计鱼豢会很感慨，原本太子应该是刘封的，刘备收刘封当过继子的时候没有儿子，过继子视为亲生子，刘封就是刘备的嫡长子。后来刘备的妾甘氏生了个叫阿斗的，他是庶子，理论上讲阿斗接不了班，刘备的接班人得是嫡长子刘封。

结果造化弄人，刘备竟然早年还有一个丢失的儿子，现在回来了，那麻烦了，人家得是嫡长子，刘封最多是嫡次子，接班没希望了。

后来，鱼豢一问，刘备的太子叫啥？别人告诉他，叫刘禅。

魏国史官鱼豢以为原来那个被拐卖的刘备的儿子叫刘禅，就给记录到《魏略》里了。

刘禅是207年生的，200年丢的那个孩子比刘禅大好几岁呢，当然不是一个人，只是鱼豢以为丢失的大儿子是嫡长子，那上位的太子肯定是他，就想当然了。

现在我们详细研究一下刘备的夫人问题。《三国志·蜀书·二主妃子传第四》记载，刘备"数丧嫡室"。就是刘备死过好几任夫人。看来当刘备的夫人是个高危职业。有人说，不对，甘夫人咋就没事？她跟了刘备那么多年，还成功生了阿斗，她咋不高危？注意，高危的是刘备的夫人。甘夫人又不是夫人，她只是个妾，他是因为生了阿斗，死后被追封为夫人。

因为刘备老是死夫人，所以甘妾"常摄内事"，摄是代理，内事是后宫之事。所以甘妾是以妾的身份，代为管理刘备的后宫。这叫内事无夫人，长妾摄之。

有人说了，那没有夫人的时候，刘备为什么不把甘妾扶正呢？你看曹操，他就把卞妾扶正了。

还有人说了，无所谓的，就是个名头而已。甘妾都摄内事了，就等于是夫人了。

非也非也，这个问题大了。因为曹操把卞妾扶为夫人了，所以曹丕、曹彰、曹植、曹熊就成了嫡子。否则他们全是庶子，庶子咋继位啊？

刘备这边也是一样啊，甘妾是妾，那甘妾的儿子阿斗就是庶子，庶子咋继位啊？反倒是之前的过继子刘封，按法礼，现在是嫡长子。

后来刘备219年称汉中王，封阿斗为王太子，到了220年称帝，把甘妾追封为"皇思夫人"，注意这里是追封，甘夫人早就去世了。

我们回到卞妾和甘妾的问题：为什么一个当夫人了，一个当不了？这跟刘备和曹操的需求有关系。

曹操最惧怕外戚强大，像丁家外戚，那太可怕了，所以特意扶歌姬卞妾当夫人，因为歌姬背后没力量。

而刘备恰恰相反，刘备娶的每个夫人，都是为了背后的力量才娶的。比如刘备在徐州时代，就娶了徐州别驾糜竺的妹妹。刘备在赤壁时代，就娶了孙权的妹妹。刘备在益州时代，就娶了东州派吴懿的妹妹。

无论这些妹妹好不好看，刘备都得娶，因为他娶的不是爱情，是背后的利益。

这就解答了一个问题，为什么甘夫人不能当夫人。

按史料记载，196 年时，吕布抓了刘备的妻子，史书里的妻子指的是正妻和孩子，也就是夫人和孩子。这个时候刘备的正妻是谁并不明确，我给起个代号叫下邳夫人。

在此时，麋竺借这个机会，立刻把妹妹嫁给刘备，史料写的特别清楚："竺于是进妹于先主为夫人。"当时的刘备还达不到帝王可以有多位夫人这个规格，此时刘备只能有一个夫人，麋竺的意思是，刘备你的下邳夫人被吕布抓了，估计活不了，赶快娶我妹当夫人吧。

嫁妆是"奴客二千，金银货币以助军资"。

娶完后，刘备壮大了，后来刘备找吕布求和，吕布又把刘备的下邳夫人和孩子还给刘备了。

这下刘备有两个夫人了，一个下邳夫人，一个麋夫人，但夫人只能有一个啊，刘备是咋处理的呢？史料没有记载。

到了 198 年，刘备在小沛，吕布派高顺、张辽打刘备，刘备战败跑了，高顺抓住了刘备的夫人和孩子，然后交给了吕布。

那吕布此时获得的是下邳夫人还是麋夫人呢？也不清楚。

后来曹操带着刘备去打吕布，灭了吕布后，重新获得了自己的夫人和孩子。

到了 200 年，刘备背叛了曹操，重新占了徐州，曹操来打刘备，刘备的夫人和孩子被曹操俘虏了。其中逃跑了那个被拐卖的儿子，那这次抓到的夫人是下邳夫人还是麋夫人呢？也不知道。

但注意，这次曹操抓到刘备的夫人和孩子，并没有还给刘备的记载。

演义猜测，在曹操放走关羽时，让关羽带着刘备的夫人和孩子一起走了，这是猜测，史料里并没有这么写。

再接下来，就是赤壁之战后，刘备娶了孙权的妹妹，然后去打益州，孙权的妹妹劫持阿斗要回东吴，阿斗被赵云、张飞劫回，孙权的妹妹自己回了东吴，等于主动放弃了她是刘备夫人的这个身份，所以刘备没夫人了，刘备入川后，娶了吴懿的妹妹。

所以我们整体看一下，刘备先后有下邳夫人、麋夫人、孙夫人、吴夫人。按照史料写的，"先主数丧嫡室，常摄内事。随先主于荆州，产后主"。说明在刘备军到荆州之前，刘备已经失去了好几位嫡夫人。那失去的嫡夫人有谁呢？应该就有下邳夫人和麋夫人。有人说，不对，麋夫人是死在长坂之战中的，那是刘备到荆州之后了。其实历史上麋夫人啥时候死的没有记载，死在长坂之战中是演义编的。

按照史料里刘备到荆州之前"数丧嫡室"的记载，麋夫人极有可能在刘备到荆州前就没了。

那就是刘备到荆州前，下邳夫人没了，糜夫人没了。

这应该不够，“数丧嫡室”这个“数”字至少是三个或三个以上，不然不会用数次的数字，两个都不叫数个，应该至少三个。

那我们分析下刘备娶夫人的习惯，在徐州，需要徐州糜家力量，就娶糜家妹妹；在荆州南郡，南郡在孙权手里，需要孙权的力量，就娶孙家妹妹；在益州，吴家是东州派首领，需要东州派力量，就娶吴家妹妹。

那刘备当高唐令的时候，有没有可能娶过高唐夫人？当平原相的时候，有没有娶过平原夫人呢？

那我们顺一下。

刘备当高唐令，和高唐县豪强联姻，娶了高唐县豪强的妹妹当夫人，然后被贼寇击败，高唐豪强妹妹没了，刘备只得投公孙瓒。公孙瓒封刘备当平原相，刘备娶了平原国豪强的妹妹当夫人，袁谭击败刘备，把他赶出平原国，平原豪强妹妹也没了；刘备到了徐州，在陶谦的安排下，娶了徐州豪强妹妹，是谁不知道，假设就是下邳夫人，这就连上了。后来下邳夫人被吕布抓了，刘备就又娶了糜家妹妹，刘备向吕布求和，吕布又把下邳夫人放了，刘备去小沛招兵一万，吕布来打，刘备的下邳夫人没了。然后曹操支持刘备，刘备回到小沛，吕布又来打，抓了糜夫人，刘备跑了，曹操支援刘备，一起灭吕布，救回了糜夫人。再后来刘备叛曹操，曹操打刘备，捉了糜夫人，没还。

按这个逻辑，我们来数一下，刘备损失了高唐妹妹、平原妹妹、下邳夫人、糜家妹妹四个夫人，也符合史书记载的“数丧嫡室”了。

继续看历史，刘备被曹操击败逃走了，接下来怎么样了呢？

《三国志·蜀书·先主传第二》记载：“五年，曹公东征先主，先主败绩。曹公尽收其众，虏先主妻子，并禽关羽以归。”“先主走青州。”信息点一，刘备投奔袁绍去了。信息点二，曹操俘虏了小沛城的刘备军。信息点三，曹操抓了刘备的老婆孩子。信息点四，关羽投降。

袁绍听说刘备来投，亲自出城两百里迎接。有人问了，为什么给刘备如此高的接待规格？这是袁绍要给全天下人看，我厚待降将，我礼贤下士，刘备就是我的招人标杆。

刘备有没有可能会隐身术或遁地术？

抖音扫码听讲解

之所以开这个玩笑，是因为我被一个问题难住了。官渡之战时，刘备带人从袁绍军地盘进入曹军腹地，攻击到了许县，然后又返回袁绍军地盘，然后再进入曹军腹地，达到汝南。这进进出出的，曹军的防线是摆设吗？刘备想来就来，想走就走，想去汝南就去，想打许县就打，想回去还能回去，想再来还能再来。谁能给我解释一下，除了隐身术或遁地术，还有什么方法能做到？有人说，是不是古代防线不行，通讯也差，曹军就是没发现啊？但问题是，这件事是汉末三国里独一份。有名有姓的人物，你找不出第二个能有这壮举的。如果曹军里有人有刘备这能力，那他直接穿过袁绍军，去打袁绍的邺城不好吗？

就像刘备能穿过来打曹操的许县一样。

有人说了，刘备进进出出的成功，会不会是巧合呢？

那我们再回看一个问题，刘备为什么每次战败都能全身而退？这么看，就不是巧合了，他如果能悄无声息来去自由地潜入，那战败时安全逃跑，是不是就不是啥事了？

我们回看刘备的一些行为，找找破题的灵感。

刘备在与张纯军作战时，曾经受伤装死而躲过一劫，这说明什么？说明刘备很机灵，而且会伪装。

刘备夷陵之战战败后，是走山路一路跑回去的，这说明啥？说明刘备精通山路，而且体能好，面对关隘，可以伪装混进去，也可以绕过去，别人过不去，刘备能过去。

另外，刘备有毅力，别人怕绕路浪费时间，刘备不怕。

再看刘备的经历，他完督邮后，成了逃犯，结果他能逃走，还能跑到京城洛阳，也许那时刘备锻炼出了伪装、翻山越岭、有毅力等特点。

有人说了，就算刘备一个人能做到，他的部下咋办？关羽、张飞、简雍、糜芳这帮人也陪他这样来来回回的，这受得了吗？

那这就有几种可能性了，比如刘备带大家潜入汝南，失败后，刘备带少量人回袁绍那复命，像关羽、张飞这种身体好的，习惯了刘备这种野外生存企业文化的就跟在身边，像糜竺、糜芳这种养尊处优惯了的人，就留在汝南等消息，反正黄巾军刘辟只是战败，又没死，也能保护他们。

刘备军中那些不善于逃跑的，爬山水平不行的，可能都被动出局了。

你想啊，不说这种进进出出潜入的事，光刘备这么多次逃亡，关羽、张飞、简雍、糜竺这群人能一直活到成都，这就很不容易。尤其是简雍、糜竺、孙乾、刘琰这些文人，就更不容易了。

许多人幻想穿越三国投奔刘备，这什么小沛之战啊，长坂之战啊，你能不掉队都算本事，最后还能在成都看见你，你就算完美通关了。

不管刘备用什么方法吧，总之，刘备小队的潜入都成功了。

说说刘备潜入汝南的事。

注意，这里和演义完全不一样。正史里刘备两次潜入汝南，第一次与刘辟合作，第二次与龚都合作。

演义里把两次合并成了一次，还把刘辟和龚都写成同伙，事实上，这两人压根不是一伙的，刘辟是前黄巾军将领，后归降了曹操，现在反叛曹操支持袁绍。而龚都史书记载是贼寇，没说是什么贼寇，也没说是前黄巾军将领。

而且这两次的影响也不一样，刘备第一次潜入时，许县附近数个县响应，都反叛曹操支持袁绍，许县以南地带都不得安宁，刘备大有一口气吃下许县的气势，所以曹操不得不派曹仁来救援。

而第二次"与贼龚都等合，众数千人"。刘备和龚都只有几千人而已。

这就不需要曹仁这种级别的将领来救援了，曹操派谁来打刘备和龚都呢？

一个熟悉的名字，蔡阳。

对，就是演义里，关羽斩的那个蔡阳。

《三国志・蜀书・先主传第二》记载："曹公遣蔡阳击之，为先主所杀。"

这里的"为先主所杀"，不能理解成是被刘备本人亲手所杀。

而是曹操派蔡阳来打刘备军，蔡阳被刘备军所杀。

刘备第一次潜入，任务就是与汝南叛军合作，攻打许县。

这是第二次，是与汝南贼寇合作，估计任务还是要打许县。

所以蔡阳的任务是去消灭刘备，也是要把许县的危险扼杀在摇篮里。

那历史的真相是这样吗？

我们来研究下，曹操为什么不派别的军队，偏偏要派蔡阳呢？大家注意，汝南郡内有个什么县？上蔡县，周武王姬发的五弟以前就被封在这，当时叫蔡国。所以蔡阳极有可能是上蔡县的地方豪强。那汝南郡内贼寇龚都作乱，就派汝南上蔡县豪强来镇压。

那刘备灭了蔡阳过后，有没有壮大起来，然后开始打许县呢？

有人说了，为什么刘备一去汝南，汝南就叛变？刘备、龚都就几千兵，曹操还特意从北方战场赶回来亲自打刘备，为什么？曹操在官渡胜利后，几乎抽不出兵力打刘备，为啥要亲自来？

要搞明白这些，我们来研究一下大环境。站在高维度来看一下。200 年，整个大汉各地是什么形势？袁绍在冀州，曹操在兖州，两军开打。袁谭在青州，臧霸在徐州，两军开打。锺繇在司州，高干在并州，两军对峙。马腾、韩遂在三辅，选择两不帮，同时送人质给曹操。刘表在荆州，张津在并州，两军开打。孙策在江东，与荆州的黄祖交战，又攻击徐州的陈登。孙策原本是和曹操联盟的，但现在孙策既打袁绍的人，又打曹操的人，然后他就遇刺死了，孙权接班后，继续与曹操联盟。

那我们归类一下，冀州袁绍、青州袁谭、并州高干，还有幽州，都是袁绍军，加上同盟荆州刘表，一共 5 个州，这是一头的。

兖州曹操、司州锺繇、徐州臧霸都是曹军，加上交州张津、江东孙权，一共也是 5 个州，这是一头的。

大汉十三州，这讲了十个，那剩下三个呢？益州的刘璋关门自己过日子，凉州一片混乱，什么也顾不上。剩下一个豫州，成了关键中的关键。

豫州本是曹操的地盘，但它和刘表的荆州接壤，是有被策反的可能性的，而且许县也在豫州境内，如果袁绍、刘表这帮人策反了豫州，对曹操就是巨大的威胁。

那袁绍、刘表策反了没有，效果怎么样呢？

史料记载："时袁绍举兵南侵，遣使招诱豫州诸郡，诸郡多受其命。惟阳安郡不动，而都尉李通急录户调。"

还有一段记载："太祖与袁绍相拒于官渡。绍遣使拜通征南将军，刘表亦阴招之，通皆拒焉。"

也就是说，袁绍派使者策反了豫州好几个郡，袁绍为了拉拢豫州的曹军将领李通，都给封到征南将军了。这是重号将军，刘表才是镇南将军，这仅次于刘表了。

我们总以为官渡之战时，刘表只是名义上效忠袁绍，其实啥也不干。这明显是不对的，刘表还暗中拉拢李通了，咋没干？再往前看，从 196 年曹操挟天子以令诸侯开始，袁曹的关系就出现了裂痕，这时袁绍忙着对付公孙瓒，那谁来对付曹操呢？就是刘表带着藩属张绣。197 年，刘表、张绣与曹军交战。198 年，刘表带着藩属张绣继续与曹军交战。到了 199 年，藩属张绣投曹操了，刘表没能力与曹军交战了，那刘表又干了什么呢？就是诱降、策反曹操的手下，曹操的豫州好几个郡反叛曹操，支持袁绍，那袁绍距离他们老远呢，真正实打实的能给资源支援到这些弃暗投明者的是谁呢？那就是与豫州接壤的荆州刘表啊。所以这些豫州人才敢反叛，否则光你袁绍派个使者来说几句话，谁敢反叛啊。

从宏观来看，曹操北面是袁绍，南面是刘表，袁绍在做一个项目，叫渡过黄河，从北边占领曹操地盘；刘表在做一个项目，叫拉拢策反豫州，从南边占领曹操地盘，所以袁绍命令刘备潜入豫州并不是心血来潮。

从这个角度来看，刘备小队潜入兖州地界时，可能有袁绍军细作协助；潜入豫州地界时，可能有刘表军细作协助。

200 年，刘备和龚都在汝南有几千兵，除掉了蔡阳。

200 年 10 月，曹操获得了官渡之战的胜利，但是曹操并没有乘胜追击。

到了 201 年，发生了两件事。第一件事，曹军和袁绍军爆发了仓亭之战，这场战役就一句话，没有任何细节，就是袁绍军战败了，曹军胜利。

第二件事，刘表军打下了曹操的荆州南阳郡西鄂县，西鄂县东边有个大家熟悉的地方——博望。

仓亭之战结束，标志着曹操彻底粉碎了袁绍的项目，但刘表的项目还在啊，刘表军还吃下曹操的一个县，刘备和龚都还活跃着。

所以曹操立刻调头去南部，去粉碎刘表的项目，要收回南方的地盘。

这就是曹操为什么亲自带兵来驱赶刘备的原因，他并不是针对刘备、龚都那几千兵，而是他要彻底粉碎刘表的项目，刘备的行为只是刘表项目中的一环。

所以刘备被曹操击败后，立刻去了刘表那里。

202 年，发生了几件事，先后顺序不清楚。第一件事，袁绍死了。第二件事，曹操回到北方对付袁家。第三件事，刘表派刘备北上，向着许县的方向，打到叶县。

所以大家看，刘表在干什么？他还是在北上打曹操，一直没变。

197 年、198 年带张绣打曹操；199 年、200 年拉拢李通对付曹操；201 年，出兵打下曹操的西鄂县；202 年，命令刘备去打曹操。除此之外，刘表还西边揭发刘焉，策反甘宁；南边与张羡、张津作战；东边防御孙家的进攻。很多人说刘表没事干，其实刘表忙死了，东西南北一圈都是敌人。

回到曹操亲自打刘备这里。历史上，曹操带兵和刘备正面交锋几次？答案是七次。

那刘备赢了几次呢？两次，分别是华容道和汉中之战。败的五次分别是：郯城之战、小沛之战、延津之战、汝南之战、长坂之战。这次就是汝南之战。有人说了，这个我怎么没什么印象？这一段你一定有印象，因为演义里写得非常热闹。演义中，这是赵云回归刘备后的第一仗，赵云 30 回合平许褚，一枪斩高览，十余合退张郃，有印象了吗？

那历史上是什么情况呢？首先，张郃、高览没有参加这场仗的记载。尤其是高览，他投靠曹操后，就一点记载都没有了，更不会有被赵云斩杀的记载。

其实，张郃并没有被赵云击败的记载，这是演义编的。

另外就是许褚了，30 回合战平赵云，虽然这是编的，但我觉得这个设计非常巧妙。

大家注意看，赵云在小说中，刚出场的战斗是什么？赵云战平文丑。

然后赵云回归刘备后，他的第一仗是什么？战平许褚。

为什么这么设计？赵云战平文丑，文丑是骑将，那意思是赵云跟文丑定位一样。

那现在赵云跟了刘备，成了保镖队队长，所以现在赵云战平谁？许褚，因为许褚就是曹操的保镖队队长。

看见没，小说里这个设计是不是很精妙？

演义里打得很热闹了，史书里却没有细节，就一句话："曹公既破绍，自南击先主。"然后就是刘备投刘表了，就这点记载。

那刘备面对曹操的攻击，是像小沛之战一样，不战就逃了呢？还是一触即溃呢？还是顽抗到底，最后战败而走呢？这就不知道了。

第十三章 博望之战大概是怎么打的？

之前曹操南下攻击刘备，刘备派麋竺、孙乾联系刘表，刘表亲自去郊外迎接刘备，以上宾之礼对待刘备，还给刘备兵，让刘备驻扎在荆州南阳郡的新野县。

然后“荆州豪杰归先主者日益多，表疑其心，阴御之”。

史料说荆州的豪杰跟随刘备的越来越多，刘表开始疑心刘备，暗中防着刘备。

有人说了，为什么当地豪杰会支持刘备呢？为什么刘表又疑心刘备呢？用人不疑，疑人不用，这都在干什么啊？

其实，这是常规操作，刘备在刘表这儿的定位叫藩属。刘备作为藩属，是个独立的小军阀，他驻扎在南阳郡新野县，那么那附近的士族、豪强都会支持刘备。

那刘表为什么要“疑其心，阴御之”呢？

这就是主公和藩属的关系。这和养枭是一样的道理，我养一只枭，谁要敢欺负我，枭咬他；我要想欺负别人，枭咬他，有枭在，别人都敬畏我几分，但我同时也要提防枭，因为枭这种猛禽是有可能攻击主人的，万一它太强大，把我吃了怎么办？所以这就是驭枭之道，我养的枭，不能太瘦弱，否则打不过别人，也不能太强壮，因为我打不过它。

刘表养枭主要是咬谁呢？曹操啊，刘表养的第一任枭是张绣，用张绣咬了曹操两年，结果张绣投靠曹操了。

这枭原本都快要饿死了，是我一勺一勺喂胖的，现在认曹操当主人了，刘表既生气又伤心。但刘表必须有枭，否则他说话就不硬气，因为他们公司的股东蔡家、蒯家都很强势，强势到连刘表小儿子娶老婆都得娶蔡家人。

再说“刘表使刘备北侵，至叶，太祖遣典从夏侯惇拒之”。

说刘表派刘备向北进攻曹操，一直打到叶县。从叶县再往前就是许县，现在成了汉献帝的首都，所以也叫许都，后曹丕改名叫许昌，为了方便记忆，书中还是统称许县。

所以，刘表给刘备安排的方向是许县，结果到了叶县，曹操派夏侯惇带着李典挡住了刘备。

那为什么是夏侯惇和李典来挡住刘备呢？为什么不是曹仁、张辽这些人呢？

因为曹操的主力在黎阳与袁绍的儿子交战，主力军在忙。

与此同时，曹军锺繇部在跟袁绍的外甥，以及南匈奴作战。

简单理解，就是曹军主力在山西和河北。这给了刘表偷袭许县的好机会。

那为什么主力都没空，只有夏侯惇、李典有空呢？因为夏侯惇的官职是河南尹，大汉的首都在司州河南郡洛阳县，按道理，河南郡的管理者叫太守，但因为首都洛阳在他的管辖内，所以他不能叫太守了，要叫尹，河南尹。大家应该还听过一个京兆尹，这是司州京兆郡的太守，他也叫尹，为啥呢？因为之前首都是长安，在京兆郡，他是首都郡的太守，所以也叫尹。虽然首都搬家了，但这个称呼没改，司马懿的父亲司马防就当过京兆尹。

那我们回到河南尹夏侯惇，按道理他应该驻守在河南郡，但因为汉献帝在许县，首都又换了，从洛阳变许县了，所以河南尹夏侯惇其实驻守在许县。

那么问题来了，官渡之战时，刘备和刘辟一起偷袭许县，对手应该是夏侯惇。

刘备第二次潜入汝南，和龚都一起可能也偷袭了许县，那对手应该还是夏侯惇。

现在刘备一路北上，往许县方向走，对手还是夏侯惇。那夏侯惇能让刘备真打到许县吗？

当然不能，所以守门员主动出击，在许县南边的叶县堵住了刘备。

那为什么会带着李典呢？李典的工作是运粮食，常穿梭在几个州之间，刘备来打许县，可能李典正好运粮运到这里，夏侯惇要去堵住刘备，正没将可用呢，所以正好带上李典。

《三国志·蜀书·关张马黄赵传第六》里裴注引《云别传》记载：“先是，与夏侯惇战于博望。”

这里赵云出现了，赵云跟着刘备，在博望大战夏侯惇。

发现问题没有，上一句还说在叶县打仗呢，这句里立刻变成在博望了。

为什么战场会从叶县变成博望，这中间发生了啥？

我们来推测一下，刘表养着刘备，又不敢让刘备太强大，那刘备拥有的兵力就不会太多。既然兵力不多，还要去打许县，自信何来？就是因为曹军主力在北边，刘备可以来个快速偷袭。

所以偷袭的关键在于这个偷字，不要被发现，要偷偷摸摸的，突然兵临城下，要达到这个效果。

但结果被曹军发现了，守门员夏侯惇跑出禁区，在叶县堵住了刘备。

那刘备原本的战略目标还能达成吗？肯定不行了。那次偷袭就没有价值了吗？

不一定，只要能吸引曹军主力，那就有价值。

有人说，这有啥价值，曹军主力来了，刘备打的不更艰难了吗？

那这就要看这个价值，是对谁有价值，当然是对刘表。

刘表发动偷袭许县的目的，就是为了吸引曹军主力，这样就减少了正在挨打的袁绍儿子们的压力。

理解了吧？博望之战严格来说，目的不是刘备要打曹军，而是帮助袁军降低来自曹军的压力。

那我们来看结果，刘备吸引曹军主力了吗？吸引来了谁？刚才说过“至叶，太祖遣典从夏侯惇拒之”，后来史料更新为“使拒夏侯惇、于禁等于博望”。也就是说刘备军退到了博望，曹军追到了博望，追击的人里多了一个于禁。曹操派了主力于禁回援。

说个好理解的，这一战刘备原本是要去偷袭的，结果被发现了，对方的主力还回援了，那我就后退，退到靠近自家的地盘，双方就这样僵持住了。

面对僵局，刘表已经很满意了，他的目的达到了，刘备吸引了曹军主力大将于禁，减少了袁绍儿子们的压力，这就可以了。

但曹军很纠结，现在如果退兵，那刘备再来进攻怎么办？如果进攻刘备，他背后有援军怎么办？

可能刘备也纠结了，这是我当刘表藩属打的第一仗，可以战败，但不能丢人，如果丢了人自己在刘表势力内还能抬起头来吗？

那我怎么才能打出彩呢？刘备干了个狠的，火烧自己。准确来说，是火烧自己的阵地。刘备火烧自己的阵地，然后离去。有人问了，刘备走就走，为什么要火烧自己的阵地呢？这不会引起敌人注意吗？悄悄退兵多好。古代作战，阵地上会建造各种防御工事，比如阻挡敌人骑兵的鹿角等等，刘备要攻城，估计还带了攻城器械，如床弩、投石车，火烧了这些，是为了不资助敌人，不能让敌人获得这些。

比如赤壁之战，曹操为什么决定退兵后要火烧自己的战船？因为这些战船不能送给敌人。有人说了，那就带着走啊，都带走不就好了，烧什么啊？这就是新问题了，你撤退时，带着这些东西，还能跑得快吗？你跑得慢，敌人追来了，不挨打吗？所以要轻装撤退，这些东西又不能留给敌人，就统统烧掉。

刘备这个行为传达出了一个信息，他是真的要退兵了。刘备连家产都烧了，这太真了，真的不能再真了。

于是夏侯惇带大军要去追击刘备。

此时李典反对，他觉得可能有埋伏。

当然，我们都知道结果，是李典说对了，刘备确实有伏兵。

那为什么夏侯惇、于禁没猜对，而李典猜对了呢？

A 思路，刘备烧的不彻底，李典就是专业搞运输的，一直跟物资打交道。刘备所谓的烧自己阵地，其实他也舍不得这些物资，可能他就是做个样子，假装都烧了，这被专门搞物资的李典看出来了。

B 思路，刘备烧的太彻底了，李典是专业搞运输的，对物资熟悉，刘备可能是烧的太彻底了，压根不像正常过日子人的行为，好像是故意在演戏，所以被李典看出来了。

总之，在专门搞物资的李典眼中，发现了刘备有问题，但不是专业搞物资的夏侯惇、于禁看不出来，这就造成了分歧。那结果呢？结果是各干各的，觉得有问题的，那就不追，觉得没问题的，就追。

有人问了，这打仗不统一指挥吗？怎么统一？夏侯惇是许县防卫军，于禁是主力征伐军，李典是运输队。一个防御军，一个征伐军，一个运输队，三支军队临时拼在一起作战，谁也管不了谁，夏侯惇也没有统中外诸军事这个身份。

那就各干各的，夏侯惇带着防卫军、于禁带着征伐军就追过去了。结果一追，麻烦了，被刘备军的伏兵包围了，这伏兵应该是赵云带领的。这伏兵一包围，刘备亲自带领军队调头回来一起进攻，刘备军、赵云军攻击夏侯惇军、于禁军。

没追的运输队李典一看不好，赶快来救，带军队来攻击赵云的伏兵和刘备军。

这就打起来了。

有人说了，这曹军完蛋了，主力都被包围了，李典运输队来救援，运输队有啥战斗力，能打穿赵云的伏兵，救出夏侯惇、于禁吗？

完全不可能啊！

我估计刘备和赵云也是这样想的。

但是运输队和运输队是不一样的。

李典的运输队，应该是当时最强的运输队，没有之一。

为什么？因为李典的运输队是曹军最强的两大野战军之一，另一个是曹仁骑兵军团，这是曹操麾下最强的两支军队了。

有人问了，李典这运输队到底哪里强？再有了，这么强大的军队为什么不去打硬仗，而在这搞运输呢？这不浪费吗？

咱们一个一个说，李典军是兖州豪强李家军，原本的首领是李典的叔叔李乾，接着是李典的堂兄弟李整，然后才轮到李典。李家军跟着曹操打青州黄巾军、打袁术、打陶谦、打吕布，但很可惜，李乾、李整相继死亡，最后由李典接班。曹操觉得李家军劳苦功高，就照顾李家军，让他们不要打硬仗了，负责运粮食就好。

但这支军队打硬仗打习惯了，就在博望之战同年，可能几个月前，李典和程昱用船运粮，遇到袁军封锁水路，这换成一般的运粮队，看见敌军封锁路线，那就绕道而行了。但李典运粮队可没惯着对方，敢挡我的路，我们李家军以前可是战场上横着走的，打！直接把封锁线打穿了。袁军当时都傻了，我们征伐军来封锁敌军运粮队，结果被运粮队打穿了，对方真的是普通的运粮队吗？

可能此时刘备军也纳闷，这不是运粮队吗？怎么这么猛！赶紧撤！史料原文是："典往救，备望见救至，乃散退。"

刘备军退兵了，离开了博望。

博望之战就这么结束了。

那博望之战算谁赢了呢？

有人说，肯定是刘备军输了啊，刘备军的目的是打许县，没成功；打叶县，也没占领叶县，退到博望，也没守住博望，这必须是刘备军输了。

但也有人说，不对，刘备军伏击了夏侯惇、于禁，李典一来，刘备军就跑了，刘备军没什么损失。而且刘表的战略目的本来就不是战领许县、叶县、博望这些地方，目的就是吸引曹军主力，减轻袁军压力，目的也达成了，这必须是刘备军赢了。

其实，事件是客观存在的，怎么定义这件事是根据去定义者的需要来定义的。

是真是假？刘备马跃檀溪

抖音扫码听讲解

之前说过刘表是个大忙人，他东南西北四面作战。但202年袁绍死后，刘表军也在这年最后一次为袁军作战。

202年之后，刘表再也没打过曹操。203年，孙权组织大规模水军进攻黄祖，这一年凌统的父亲凌操阵亡，孙权的岳父徐琨也疑似是这一年阵亡的。这样形势发生了变化，刘表不打曹操了，改为与孙权打。那刘备也不能闲着，于是刘表派他驻守樊城，以支援江夏的黄家水军，也就是说，刘备的任务现在改为打孙权了。

这里还要再说一下，刘备作为藩属，他是刘表大公子刘琦的支持者，从这个角度来看，刘琦、刘备以及刘琦的其他支持势力应当是一种盟友关系。刘琦的支持势力中，除了刘备军，最主要的就是江夏黄家，其次是一些外地逃难来荆州的名士，如司马徽、徐庶等。

按这个推理，刘备疑似203年就到了樊城，成为江夏黄家的盟友，那江夏黄家的女婿诸葛亮最早在203年就可能投靠刘备了。

所以刘备人在樊城时，其帐下可能已经有徐庶、诸葛亮了。此时“刘表礼焉，惮其为人，不甚信用”。

刘表对刘备很客气，但忌惮刘备，不敢信任刘备。因为没有任何一个主公敢信任藩属，刘表不敢信任张绣，曹丕不敢信任臧霸，孙权不敢信任太史慈，刘璋也不敢信任刘备，都一样。

史料记载:“曾请备宴会,蒯越、蔡瑁欲因会取备,备觉之,伪如厕,潜遁出。”

刘表曾请刘备参加宴会,蒯越和蔡瑁打算趁机除掉刘备,刘备发现了,假装上厕所逃跑了。但逃跑途中出现了插曲:“所乘马名的卢,骑的卢走,堕襄阳城西檀溪水中,溺不得出。备急曰:‘的卢:今日厄矣,可努力!’的卢乃一踊三丈,遂得过,乘桴渡河。”

就是刘备骑着的卢马,落入襄阳城西的檀溪中,淹没在水中没法出来,刘备着急了,对的卢说,今日被困了,你要努力啊! 的卢一跃三丈,于是得过。然后刘备乘着小筏子对河了。

注意,关键点来了。

很多人认为是的卢马飞跃了檀溪,一下跳到对岸了。

其实史料里说的是,刘备差点被淹死,的卢马跳起来,解决了刘备被淹死的问题,然后刘备是坐小筏子渡河的。

而后刘备坐小筏子在河里走到一半的时候,追赶的人到了,追赶者表达了刘表的歉意,问刘备怎么走得这么着急呢? 怎么也不打个招呼就着急走了? 感觉他们好像不知道鸿门宴的事。

先说为什么跃马檀溪的争议点那么大。

因为许多人认为一匹马再怎么样也不可能跨越一条河,所以许多人不信这件事。

其实史料里的卢马并没有越河,只是刘备“溺不得出”,就是被淹了,出不来了。的卢马一跃三丈,出来了,的卢马是解决了“溺不得出”这个问题,不是解决了越河这个问题,越河是靠的小筏子。

有人说了,那这么看,跃马檀溪是真的了。

非也,继续看史料,东晋史学家孙盛曰:“此不然之言。备时羁旅,客主势殊,若有此变,岂敢晏然终表之世而无衅故乎? 此皆世俗妄说,非事实也。”

孙盛认为当时刘备客居在刘表那,客人和主人实力悬殊,如果真有这变故,刘备哪敢安定地一直待在刘表那里,直到刘表去世都没出事呢? 这些事都是世间庸俗之人胡说的,不是事实。

孙盛的评论,是谁记录在《三国志》里的呢? 是裴松之,有时候裴松之引用完孙盛的观点后,自己也会讲两句,有时候还和孙盛的观点不一样。但这次,裴松之引用完后,啥也没说,意思是他也支持孙盛的观点,否则他就不引用了。

所以东晋史官孙盛和南朝刘宋史官裴松之都认为跃马檀溪事件不可能。

他们判断的出发点,不是这匹马能跳多高或跳多远的问题,而是刘表、蔡瑁和刘备的关系的问题。

首先,这个史料先说刘表不信任刘备,又说刘表请刘备来赴宴,再说蔡家、蒯家打算趁机杀了刘备。那这种写法，传达了一个什么信息？就是刘表想除掉刘备，并且要借蔡家、蒯家之手杀人。如果不是这个观点，史料应该这么写，蔡家、蒯家一直想弄死刘备，正好刘表请刘备来赴宴。如果这么写，那矛盾的主体就是蔡家和蒯家，就不是刘表。

然后这个史料又记载有人去追刘备，但没说是蔡家、蒯家的人，他们是以刘表的口吻，带着歉意与刘备对话，完全和蔡蒯两家没关系。

那这史料开头说刘表不信任刘备，中间说刘表请刘备来吃饭，结尾是刘表的人去追刘备，还以刘表的口吻带着歉意说话。

这不就是说刘表想杀刘备吗？

孙盛和裴松之说了，如果真是刘表想杀刘备，那刘备还能活到刘表死那年吗？

之前说过，刘表要用大公子＋外地人藩属刘备势力来制衡小公子＋蔡蒯本地人势力，在这种情况下，刘表杀刘备，等于杀自己，如果刘备死了，制衡失衡，那刘表也就离死不远了。那我们假设不是刘表要杀刘备，是蔡家、蒯家要杀刘备。按照政治斗争的逻辑，开弓没有回头箭，两个派系一旦动手，那就必须倒下一个。这次鸿门宴结束后，两派还能和平共处吗？

比如玄武门之变，第一，局势到了不得不动手的时候了；第二，动了，就不能停，不能说这次没杀掉李建成，几年后，我们再来一次，这咋可能呢？

那我们回看蔡瑁，他如果要动手除掉刘备，那仅仅是除掉刘备吗？那会连刘表一起除掉，然后扶二公子刘琮上位。

这就像玄武门之变，关陇集团既然要除掉，那是只除掉李建成、李元吉吗？那是连李渊一起除掉，然后扶李世民上位。

这次鸿门宴是哪一年，史料记载不清楚，如果是203～207年间，那都不至于下手，没到这一步。但如果是208年，曹操快来了之前，而刘表又故意迟迟不确定谁是接班人，那这个时候，蔡瑁想搞一场鸿门宴，像玄武门一样，把刘备、刘表都除掉，然后宣布刘表立小儿子刘琮当接班人。这就合理了。

孙盛和裴松之认为不可信，是他们认为鸿门宴到刘表死之间，还有这么多年，因为这么多年是和平的，所以反推跃马檀溪、鸿门宴不可能存在。但如果鸿门宴紧接着就是刘表死呢？那就可能了。而且刘表死后，蔡瑁压根儿不在乎刘备，因为刘琮已经是主公了，我们已经胜利了，我带着刘琮投靠曹操，可以享受荣华富贵了。注意啊，历史上蔡瑁没有被曹操杀，他投降曹操后就被封侯，结局很完美。

所以总结一下，我的观点是：

1、如果鸿门宴和刘表死是紧挨着的，那就有可能。

2、按史料记载，的卢马没有跃过檀溪，只是跳起来让刘备没淹死。

第十五章 刘封是刘备的义子吗？

非也，刘封是刘备的过继子。史书记载：“先主至荆州，以未有继嗣，养封为子。”注意，因为刘备没有继嗣，所以养刘封为子，那养刘封为子的目的是什么？继嗣用的。什么儿子能继嗣？嫡长子。所以过继子视为嫡长子。有人说了，不对，刘封原本姓寇，刘备是皇室宗亲，他怎么能过继一个不姓刘的人来延续皇室宗亲的血脉呢？我认为有一种可能，在刘备过继刘封之前，刘封就已经改姓刘了。为什么？因为刘封的母亲姓刘，在汉末三国，因为爸爸家弱势，而改随妈妈家姓的人很多。比如朱然，他爸姓施，他妈姓朱，他改姓朱，给舅舅朱治当儿子。

再比如王平，原本叫何平，他爸姓王，他妈姓何，他在外公家长大，跟外公姓。那有没有可能罗侯寇家没落了，刘封跟朱然、王平一样，小时候就不姓寇了，跟舅舅长沙刘氏改姓刘了呢？所以刘备是过继了长沙刘氏的刘封当过继子，这就没问题了。有人说了，那也不行，刘备可是皇亲国戚血脉，这个长沙刘氏又不是皇亲国戚，凭啥成为刘备的延续。那有没有一种可能，长沙刘氏也是皇亲国戚呢？汉景帝刘启的第六子就长沙王，他的后人世代在长沙繁衍。而且如果刘备过继了长沙王刘发的后代，对于刘备有好处。为什么呢？因为汉光武帝刘秀自称是长沙王刘发的后代。这是什么概念？如果长沙刘氏是长沙王刘发的后代，那他和刘秀都流着刘发的血。刘备把一个体内有部分与刘秀相同血的人过继为自己的儿子，岂不是更根正苗红了吗？那再看刘封的爸爸家罗侯寇家，为什么他家不行了呢？

现在的罗侯是谁，史料记载不清晰，但是一百零几年之前有记载，是罗侯窦瑰，那罗侯就姓窦，代代相传。到了汉灵帝时代，窦家是外戚，大将军窦武得势，这时候估计长沙的罗侯窦氏也很强大。后来窦家没落，虽然能和长沙刘氏联姻，但可能孩子都没法跟自己姓了，所以跟老婆刘家姓。

有人问了，不对啊，刘封姓寇啊，你怎么说了半天罗侯窦家？

是这样的，有观点认为，这个刘封姓寇，可能是史书抄错了，应该是姓窦，窦、寇二字有些接近。同时史料找不到罗侯姓寇的记载，但罗侯姓窦有记载。

刘备收了长沙刘氏的刘封当过继子，那刘备和长沙刘氏变成了什么关系？

我是长沙刘氏，你是我外甥的父亲，那等于是我姐夫或妹夫，对不对？这就是盟友关系了。

那么新问题来了，刘备作为流浪军团到荆州，又被刘表“阴御之”，那刘备是怎么有机会与长沙刘氏成为盟友的呢？

而且在地理位置上，刘备人在南阳郡新野县，属于今天的河南。长沙刘氏在长沙，属于今天的湖南，这中间还隔着湖北呢，刘备是咋联盟上的？

要搞明白这个问题，就要老生常谈了，刘表手下有两个势力，荆州本地人支持小公子刘琮，外地人支持大公子刘琦。刘表要保证两边能量差不多，自己才能坐稳。但是以蔡家、蒯家为首的荆州士族在荆州能量很大，所以刘表先后收了外地人藩属张绣、刘备，又给外地人开办了当时最大的学校，以增强外地人的能量。但这依然不够。那就需要外地人更强一些，这就有了刘备从新野转而驻扎到樊城，这就有了刘备联盟了荆州南部的长沙刘氏，这就有了本土士族黄家的女婿诸葛亮跟了刘备。在黄家族长黄祖阵亡后，黄家女婿诸葛亮建议大公子刘琦去江夏，接管黄家水军。这句话再听一遍，身为外地人的黄家女婿建议外地人支持的储君大公子刘琦去接管黄家水军。包括刘备听从黄家女婿的建议，在南阳郡收流民，开荒地，获得佃户、部曲，这都是刘表默许的，因为刘表需要刘备变强，来制衡本地人。

所以赤壁之战前，刘琦、刘备势力拥有一万江夏军和近一万的南阳军。

简言之，刘表为了制衡以蔡家、蒯家为首的荆州本土士族，以主动支持或默许态度，使刘备得到快速发展。

但新问题也出现了，刘备内部也在潜移默化中出现了新的矛盾。什么矛盾呢？就是荆州力量和非荆州力量的矛盾。原本刘备势力的核心利益层全是非荆州力量。比如幽州时代的关羽、张飞、简雍、士仁、苏非，比如徐州时代的糜竺、糜芳、孙乾、刘琰、陈到，还有官渡之战时回归的赵云，他们全都不是荆州人。但刘备势力内此时的重要人物是徐庶、诸葛亮、刘封。徐庶是荆州名士的代表，诸葛亮作为黄家女婿，能让刘备得到黄家的支持。

而刘封，是最最重要的。因为他将成为新的储君，别忘了他是过继子。但在207年阿斗出生后，事情就尴尬了。能继承刘备的，到底是这个没有血缘的过继子，还是亲儿子刘禅呢？大多数人认为，那必须是亲儿子。但问题是，阿斗是妾室

甘夫人生的，阿斗只是庶子。而刘封是过继子，视为嫡长子。更何况现在刘备需要荆州力量，如果刘备明确表示出要让阿斗继承自己，这就等于放弃了荆州力量。

那以长沙刘氏为首的荆州南部力量还跟刘备合作吗？那荆州黄家女婿诸葛亮还跟刘备合作吗？那江夏黄家水军还跟刘备合作吗？这都是问题。

就是因为刘备没放弃刘封，即便生了阿斗，在对外的法理逻辑上，刘备的继承人仍是刘封。就因为是在这种情况下，赤壁之战后，刘备才能接替刘琦；荆南才继续支持刘备；黄家女婿诸葛亮才能去荆南收税；黄家女婿诸葛亮才能成为刘备与荆州庞马向习等家族之间的桥梁；关羽才能接管黄家水军。

所以刘封的作用非常大，刘备控制荆州时，刘封就是荆州力量支持的储君。

那相反，谁支持阿斗呢？自然是元老派，他们与甘夫人是老交情了。

你换个维度看，关羽、张飞等人与甘夫人是老交情，他们支持甘夫人的儿子，合理不？

荆州本地家族与长沙刘氏是老交情，他们支持长沙刘氏的刘封，合理不？

这个因素不是选择接班人的决定性因素，但是重要因素之一。

有人说，不对，刘封在刘备那就是个普通将领，他算什么储君？这都是乱猜。

非也，刘备封刘封为副军将军，这是啥意思？副军，刘封是副的，那谁是正的呢？有人说明显孟达是正的，刘封是副的。你弄反了，在上庸，刘封是正的，孟达是副的，所以副军和孟达没关系。

那这个副军是啥？

其实是刘备抄了曹操的作业，曹操是丞相，封曹丕当副丞相。刘备在大汉的身份是左将军，所以刘封是副将军。

刘备为什么这么做？这是在安抚荆州人，因为那个时候是汉中之战时期，刘备太重用东州派了，所以需要安抚荆州人。

有人说，不对，最后提出杀刘封的就是诸葛亮，怎么还说刘封是荆州人支持的储君呢？

非也，刘封咋死的？刘备给刘封列的罪状是：1、你不救关羽，导致关羽死亡。2、你欺负孟达，导致孟达叛变。这两个罪名，其实很冤枉刘封。但冤不冤不重要，刘备这两个大帽子一扣，已经给刘封判死刑了，说明刘备要换接班人了。

那荆州人支持的储君被主公判死刑了，荆州人得表个态吧？

因为无力回天了，所以诸葛亮主动说，建议杀刘封。

对于荆州人来说，刘封死了，荆州地盘没了，荆州人的忠诚度迅速跌落，时间一久，荆州人距离反叛就不远了，所以刘备无论如何都得发起夷陵之战，要为荆州人把家打回来。能不能打赢不重要，主要是把忠诚度拉上来，把制衡做好，就像孙权为了淮泗人打合肥一样。

陶谦和刘表为什么都托孤给刘备？

抖音扫码听讲解

徐州牧陶谦托孤给刘备，让刘备当CEO，陶谦的儿子当董事长。荆州牧刘表也托孤给刘备，让刘备当CEO，刘表的儿子当董事长。但最后徐州的董事长成了刘备，荆州的董事长也成了刘备。后来吕布偷袭徐州，刘备失去了徐州；吕蒙偷袭荆州，刘备又失去了荆州。这一切仅仅是巧合吗？

先看陶谦，陶谦不是徐州人，他是扬州丹阳人，他带了一群丹阳人去徐州，在徐州人眼里，丹阳人是外地人。

主公是外地人，能量2分，主公的外地人派系，能量3分，加起来5分。本地人能量是5分。五五开，局势是平衡的。

但主公死后，外地人派系3分，本地人5分，这就要失衡，外地人可能会遭到本地人的清算。

所以主公把外地藩属刘备弄成CEO，把这2分补上，让外地藩属加上外地人派系，还是5分，这样就不会失衡。

所以陶谦的托孤，是让刘备当CEO，联盟以曹豹、许耽等人为首的丹阳旧部来对抗徐州本地势力。

但结果呢？刘备被徐州本地势力拉拢了，变成了CEO刘备2分＋徐州本地人5分，一共7分，丹阳人只有3分。这失衡了，丹阳人面临被清算，所以他们选择勾结吕布，推翻刘备以自救。

所以这场失衡的关键点在于本地人拉拢了藩属 CEO。

那看刘表托孤，逻辑一样，主公刘表 2 分＋刘琦与外地人力量 3 分，一共 5 分，对抗刘琮＋荆州本地人力量 5 分，局势是平衡的。

所以刘表想让刘备当 CEO，补上自己去世后缺失的 2 分，继续维持制衡。

刘表死后，刘琮＋荆州本地人这 5 分叛变了，投降曹操了，算除名了。荆州就剩下 CEO 刘备 2 分＋董事长刘琦派系 3 分，一共 5 分。孙权与他们联合，击败了曹操。此时藩属 CEO 刘备与隔壁孙权公司的利益关系绑定非常深，如果刘琦活着，孙权和刘备都获得不了太多荆州的利益，恰好刘琦死了，两人瓜分了荆州，孙权又把部分地盘借给刘备。但瓜分＋借的账目存在模糊的地方，为后来埋下祸根，其实孙权把荆州部分地盘借给刘备只是权宜之计，孙权的目标一直都是获得荆州的全部。

所以这场失衡的关键点在于新董事长刘琦的死亡，当然，再往深层次来看，是竞品公司拉拢藩属 CEO，造成董事长刘琦死亡，竞品公司再把刘备当藩属使用，等时机成熟时再吃下荆州全部。整个看下来，是董事长刘琦、藩属 CEO 刘备都被孙权给算计了。

这两次失衡的对比，都是藩属 CEO 刘备被其他势力拉拢，导致失衡。

那刘备自己的托孤是什么样呢?

刘备 2 分，荆州人是外地人 3 分，东州派是地头蛇 5 分。

所以刘备的托孤是让阿斗当董事长，外地人派系首领诸葛亮当 CEO，CEO 诸葛亮 2 分，补上自己去世后的 2 分，东州派李严是副总，刘备承认他是东州兵统帅，封为中都护，统内外军事，东州派还是 5 分，这样局面是制衡的。

但益州存在巨大的隐患，就是一旦地头蛇联合最弱小的益州本地人，形成弱弱联合，将会推翻外地人。为了不出现这一幕，外地人必须压制住地头蛇，所以诸葛亮通过北伐吸取能量，开府治事，扩展到 7 分，东州派被压制，诸葛亮彻底除掉李严，形成以 CEO 诸葛亮为首的外地人派系 10 分、董事长阿斗 0 分的这么一个局面。

到了蒋琬时代，董事长阿斗收回一些能量，但到了费祎时代又回去了，还是董事长阿斗 0 分，CEO 费祎 10 分。

在费祎遇刺后，趁诸葛瞻未能接管力量，弱小的阿斗联合弱小的降将派姜维抢夺能量，弱弱联合，阿斗与姜维加起来 5 分，诸葛瞻派系 5 分，形成制衡局面。蜀汉再未出现开府的 CEO。

后来阿斗让宦官当自己的发言人，来微调自己与降将派姜维、诸葛瞻三者的能量关系。

因此诸葛瞻把宦官黄皓和降将派姜维视为敌人，诸葛瞻计划把降将派姜维调回来除掉，所以姜维不敢回来。

这样局面制衡了，没有绝对的压制者存在了，益州最弱小的派系，就是益州本地人终于冒头了，他们在刘焉、刘璋、刘备、诸葛亮时代都被绝对权利压制着，到了阿斗有能量时，才逐渐登上政治牌桌，具备一点话语权。其标志人物是谯周。

也正是因为益州本地人的崛起，才彻底推翻了蜀汉政权。导火索就是邓艾，当邓艾这个导火索出现后，本地人支持魏军，消灭了诸葛瞻势力，而姜维一直躲在外地无法救援。

阿斗势力灭亡，就是本地人推翻了外地人，然后一切结束。邓艾只是导火索，不是决定因素，这个导火索换成谁，益州人都会支持，结局都一样。

所以反过来看，为什么 CEO 诸葛亮会压制新董事长阿斗，因为在地头蛇没有被除掉之前，极有可能会出现弱弱联合的情况，董事长会联合地头蛇来反向制衡 CEO。为了防止出现这种局面，诸葛亮要用荆州人侍郎郭攸之、费祎、董允以及将军向宠控制住阿斗，防止弱弱联合。

第十七章 赤壁之战时刘备军啥也没干吗？

抖音扫码听讲解

非也，在《三国志·吴书·周瑜鲁肃吕蒙传第九》里裴松之引用《吴书》记载，单刀赴会时，关羽给鲁肃说赤壁之战时，刘备忙的睡觉都不脱盔甲，拼尽全力与孙权一起击败曹操，我们付出了这么大的努力，难道不应该拥有荆州的一些地盘吗？

大家看，关羽敢理直气壮地拿这个事跟鲁肃叫板，说明是真的，因为赤壁之战时鲁肃以赞军校尉的身份也参加了，如果刘备军在赤壁没贡献，关羽纯瞎编，这骗不过当事人鲁肃的。而且在鲁肃的回答里，也没有否定刘备军的贡献，只是强调是东吴军挽救了刘备军。这说明鲁肃也无法磨灭赤壁之战时刘备军的贡献。

现在我们一起来看看赤壁之战。

先问大家一个问题，如果提起铁索、东风、火攻这三个词，你们会想到哪一场战役？

很多人第一反应就是赤壁之战，其实不对，应该是朱元璋和陈友谅的鄱阳湖之战。

是的，你没有听错，连锁为阵的不是曹操，曹操没有搞铁索连环，搞铁索连环的是陈友谅。

有人问了，那罗贯中为什么要把陈友谅的事安在曹操身上呢？

那是因为罗贯中和朱元璋、陈友谅生活在同一个时代。

罗贯中把大量的他那个时代发生的事，用他的方式，或明写或暗写的，写进了

《三国志通俗演义》和《江湖豪客传》中，这两本书今天的名字叫《三国演义》和《水浒传》。

所以演义里的赤壁之战的许多细节，其实都不是赤壁之战，而是鄱阳湖之战。

那"蒋干盗书""草船借箭""黄盖诈降""阚泽诈降""铁索连环""借东风""黄盖要单刀斩曹操""张辽射黄盖""华容道"这九个情节哪些是三国历史，哪些是鄱阳湖之战，哪些是罗贯中纯虚构的呢？咱们来研究研究，做个评分比较。

第一，"蒋干盗书"。历史上蒋干确实来策反过周瑜，但没盗书。这算一半是三国历史，一半是虚构，三国加 0.5 分，虚构加 0.5 分。

第二，"草船借箭"。这件事发生在濡须之战，主角是孙权，不是诸葛亮，也算一半是三国历史，一半是虚构，三国加 0.5 分，虚构加 0.5 分。

第三，"黄盖诈降"。史料记载："瑜部将黄盖曰：'今寇众我寡，难与持久。然观操军船舰首尾相接，可烧而走也。'乃取蒙冲斗舰数十艘，实以薪草，膏油灌其中，裹以帷幕，上建牙旗，先书报曹公，欺以欲降。"

这段史料解答了两个问题，首先，黄盖诈降是真的。三国加 1 分，现在三国 2 分了，但是很巧，在鄱阳湖之战之前，朱元璋军的康茂才也诈降了陈友谅。你看，站在罗贯中的视角，诈降、铁索、东风、火攻，元末全发生了。这和三国历史上的赤壁之战诈降、东风、火攻多像啊，只是没有铁索而已。所以我个人认为历史的巧合，也是坚定了罗贯中把赤壁之战按鄱阳湖之战来写的重要因素之一，所以这里除了三国加 1 分，我认为元末可以加 0.5 分。

其次，上面史料里又透露出一个重要信息，就是是否有"铁索连环"这个事。按黄盖的说法，"观操军船舰首尾相接"。什么叫"首尾相接"？就是这艘船舰的头挨着那艘船舰的尾巴，紧挨着摆放。如果放火，一烧一大片。所以，曹操并没有铁索连环，罗贯中是把陈友谅的事安在曹操身上。所以元末加 1 分。现在比分是 2 比 1.5 比 1。

第五，"阚泽诈降"。这件事是纯虚构，史料里完全没有。虚构加 1 分。

第六，"借东风"。这个三国史料里没有，元末也没有，又是纯虚构，虚构又加 1 分。

第七，"黄盖单刀要斩曹操"。这个有史料吗？有，在鄱阳湖之战。陈友谅的大将张定边单刀直入，直取朱元璋，为常遇春射中，方才退却。看这像什么？像不像黄盖单刀要杀曹操，被张辽一箭射中？元末加 2 分。

最后是"华容道"。关羽放曹操这是虚构。那华容道上曹操有哈哈大笑吗？史料真有。所以是半历史半虚构。各加 0.5 分。

最终比分是 2.5 比 3.5 比 3.5。也就是元末和虚构双冠军，三国史料是第三名。所以我个人得出一个结论，演义里的赤壁之战，主要成分是元末原型和纯虚构，三国史料少了一些。

说了这么多，还得回到开头的问题。

历史上刘备军在赤壁之战里到底干了啥？史料里没有实际内容，而且罗贯中也没写。

我个人认为罗贯中没写，这是最不应该的。你的小说里，刘备军是主角，你会在各个地方为刘备军虚构战绩。结果到了赤壁之战，按理说刘备军是有贡献的，虽然史料没有具体记载都干了啥，但你罗贯中可以编啊，可以补充啊！结果你不写，给后人造成的印象是赤壁之战刘备军什么也没干。

有人说了，没干又能怎样？

这个问题大了，如果赤壁之战刘备军什么也没干，那刘备军就没有资格拥有荆州的地盘，那孙权借给刘备军地盘，那就是纯借的，因为你没资格拥有，那刘备不还就理亏，孙权派吕蒙奇袭三郡就是占理的，刘备带五万兵来争荆州就是不占理的。因为刘备带兵来争荆州，导致错失了抢占汉中的好时间，一步慢，步步慢，导致曹操率先吃下汉中，迁移走汉中的人口，并且打入巴西，迁走巴西人口，让刘备吃了大亏。等刘备再收复巴西，打下汉中，地盘夺回来了，劳动力却没了，直接造成未来蜀汉整体国力上不来。

如果大家的印象是刘备军在赤壁之战没贡献，不应该获得荆州土地，又赖着荆州不还，那接下来一系列问题，都是刘备活该，因为你理亏。

其实按历史来说，刘备军在赤壁之战贡献应该很大，借荆州是笔糊涂账，孙权并不是完全占理，孙权也有坑刘备的成分。

有人问了，既然罗贯中把刘备军当主角，那他该为刘备军合理补充战绩的时候为什么不补充呢？

罗贯中补了，“舌战群儒”“草船借箭”“铁索连环”“借东风”，这不都补了吗？

这算补吗？这算刘备军的战绩吗？这大多是诸葛亮个人能力的体现而已，而且都是小把戏，压根儿不是实打实的战绩啊！

罗贯中在这里不断表现诸葛亮，编了各种情节突出其能力超群，完全忘了给刘备军编战绩，这是不应该的。

赤壁之战中曹军的战船是刘备烧的吗？

抖音扫码听讲解

到底是哪方烧的曹军战船，《三国志》及裴松之引用的史料中均有记载，情况大致如下：

1. 裴松之引用的《山阳公载记》记载：“公船舰为备所烧，引军从华容道步归。”

从这段史料中，明确说了曹军战船是刘备军烧的。

2. 裴松之引用的《江表传》记载：“瑜之破魏军也，曹公曰：‘孤不羞走。’后书与权曰：‘赤壁之役，值有疾病，孤烧船自退，横使周瑜虚获此名。’”

注意史料中的关键词，“孤烧船自退”，曹操说战船是他自己烧的。

3. 在周瑜的传记中记载：“盖放诸船，同时发火。时风盛猛，悉延烧岸上营落。顷之，烟炎张天，人马烧溺死者甚众，军遂败退，还保南郡。”

同时在周瑜的传记中裴松之还引用《江表传》记载：“去北军二里余，同时发火，火烈风猛，往船如箭，飞埃绝烂，烧尽北船，延及岸边营柴。瑜等率轻锐寻继其后，雷鼓大进，北军大坏，曹公退走。”

这两段史料又说曹军战船是黄盖烧的。

那到底曹军战船是谁烧的？推测总结出以下观点：

A 观点，全是黄盖烧的，史料都写了“烧尽北船”四个字，就是指黄盖把曹操的战船烧干净了。至于曹操说是他自己烧的，那是遮羞而已。《山阳公载记》的记载则全不可信。

B观点，黄盖烧了，曹操也烧了。曹军的战船分为荆州降军和玄武池水军，荆州降军有实战经验，站前面，玄武池水军没实战经验，是吓唬人的，站后面。黄盖烧了前面的荆州降军。曹操决定逃走，但这些玄武池战船不能送给敌人，所以曹操下令烧掉。因此黄盖烧了，曹操也烧了。《山阳公载记》的记载不可信。

C观点，全是刘备烧的。黄盖诈降烧船是东吴人纯虚构的，孙刘联军对抗曹军时，周瑜军在后，刘备军在前，应该是刘备军先火烧曹军，然后孙刘联军再一起追赶曹操。其他记载不可信。

D观点，刘备烧了，曹操也烧了。在C观点的基础上，曹操败退时，为了不资敌，自己把玄武池战舰烧了。

E观点，全是曹操烧的。黄盖诈降烧船是虚构的，曹操因为瘟疫，自己不想打了，就全烧了。

F观点，黄盖烧了、曹操烧了、刘备也烧了。先是黄盖烧了荆州降军，曹操下令烧了玄武池军，曹操坐船逃走，刘备来追，曹操弃船逃向华容道方向，刘备烧了曹操逃命的船，然后向华容道方向追击。这个观点符合了史料里的“公船舰为备所烧，引军从华容道步归”的说法。刘备烧的船不是荆州降军，也不是玄武池战舰，而是曹操逃命的船。

我个人认为，应该是三方都有烧船的行为，只是不同的史料记载和表述的侧重点不同，所以F观点比较中肯。

那烧完战船之后又发生了什么呢？

有人说，我知道，然后是东吴军队追击曹军，刘备军没追，而是去堵曹操的退路去了，就是堵在华容道。

非也，刘备军也追了。

《三国志·蜀书·先主传第二》记载：“先主与吴军水陆并进，追到南郡，时又疾疫，北军多死，曹公引归。”

《三国志·吴书·周瑜鲁肃吕蒙传第九》记载：“备与瑜等复共追。曹公留曹仁等守江陵城，径自北归。”

所以从史料来看，刘备军参与了追击曹操，是有功劳的。

那刘备军追曹操追到哪呢？这就是大家最熟悉的华容道。

华容道不是刘备军堵曹操，而是刘备军追曹操，这和演义区别很大。我们来看史料。

《三国志·魏书·武帝纪第一》里裴松之引用《山阳公载记》记载：“公船舰为备所烧，引军从华容道步归，遇泥泞，道不通，天又大风，悉使羸兵负草填之，骑乃得过。羸兵为人马所蹈藉，陷泥中，死者甚众。军既得出……”

发现没，第一点，没有关羽放曹操走这么一说，是曹军自己跑的。

第二点，这里有个争议点，就是曹操是怎么逃出的华容道。

因为道路泥泞，马蹄子陷入泥中，拔出来费劲，所以曹操命令老弱病残的士兵背着草，在泥泞的道路上用草铺路，骑马的人这才得以通过。但是这些铺路的士兵被骑马的人撞倒踩踏而陷入泥中，死了许多人。曹军因此走出了华容道。

有一种观点认为，其实历史的真相是曹操用老弱病残的士兵来铺路，好让骑马的踩着他们逃走，因此死了很多人。史书里略微美化一下，写成不是用人的身体铺路，而是让人用草铺路，结果发生了意外，骑马的人踩着铺路的人就过去了。史书强调这是意外。但也有人对此产生质疑：首先，泥泞的道路马都走不过去，铺上草就能过去吗？有人说了，铺厚一点就可以，如果要铺得厚，那需要铺多久？这么长的路，慢慢铺，这铺到刘备军追来也铺不完。既然需要铺得厚，路又长，为什么不派精锐去铺路，这能铺得快一些啊！本来就是消耗时间的活儿，孙刘联军在背后追赶你呢，你还派老弱病残慢慢铺，这是故意浪费时间等孙刘联军来吗？曹操好久没见刘备了，甚是想念，要借机见一下吗？

再有，如果是意外，为什么是大规模意外？你一匹两匹马无意撞倒人，踩着人过去了，不会造成“死者甚众”吧？那只有大部分骑马的都是踩着人过去的，才会“死者甚众”吧？

所以后人怀疑曹操这里是故意用人的身体来铺路，就是故意的。危急关头，把老弱病残的命换高层和精锐的命，就这个逻辑。

那经历了这个事情过后，曹操有没有痛心疾首，有没有心怀愧疚呢？我们继续看曹操逃出华容道的状态：“公大喜。”

是的，你没有看错，曹操非常高兴，史料中“公大喜”三个字是紧挨着“军既得出”的。

那曹操为什么大喜呢？

于是“诸将问之”。

史料记载：“公曰：‘刘备，吾俦也。但得计少晚；向使早放火，吾徒无类矣。’”

曹操说：“刘备，我的老对手，就是计谋少，而且下手慢，如果早点放火，我们不就全完蛋了吗？”

史料后面写：“备寻亦放火而无所及。”

刘备确实放火了，但没有赶上曹操。

所以历史上应该是曹操主力踩着老弱病残的身体逃出华容道，刘备在后面追，但没追上，曹操在面前笑，笑刘备计谋少、追赶速度慢。

结合史料，再回答一下刘备赤壁之战放火的问题。

在上面这段史料里，给人的感觉是刘备在追击曹操的过程中放火了。有没有火烧乌林的战船不知道，但追击曹操时有放火。

那我个人认为，这个正符合我前面说的F观点。

我个人认为，黄盖放的火，烧的是荆州降军；曹操放的火，烧的是玄武池水军；刘备放的火，是在追击曹操时烧的曹操逃命的船。

借给刘备吗？孙权有资格把荆州

借荆州是汉末三国最复杂的事件。我给大家做个比喻，更直观了解一下这个过程。刘老汉有个别墅叫荆州。北边有客厅（南阳）、卧室（南郡）、卫生间（江夏）。南边是四间客房，一间普通装修客房（长沙），三间毛坯客房（武陵、零陵、桂阳）。因为北边有个曹强盗，所以刘老汉先雇了个保安小张住客厅，负责打强盗。结果小张跟强盗跑了，客厅少了一大半。于是刘老汉又雇了保安小刘，让他住在客厅剩下的地方，继续负责打曹强盗。

后来刘老汉身体不快不行了，他让刘小当了大管家（摄荆州）。

此时曹强盗又占领了卫生间的马桶，隔壁有仇的孙邻居占领了卫生间的洗手台，刘老汉的大儿子在卫生间的浴缸。小小的卫生间里，三分天下。

刘老汉死了，小儿子向曹强盗投降了。

这样曹强盗占领了整个客厅，那大管家只能跑，大管家要去占领卧室，曹强盗半路追上了大管家，大管家被打败了（长坂）。

此时孙邻居的人找到大管家，要和大儿子、大管家联手，一起打曹强盗。

理由是，如果不联手，曹强盗吃掉你们荆州别墅后，也会来吃我们江东别墅。

大家联手打败了曹强盗，但曹强盗的弟弟（曹仁）还占着卧室，而且南边四个客房之前已经向曹强盗投降了。

注意，最关键的几句话来了。

孙邻居和大管家联手一起赶走了占据卧室的曹强盗的弟弟，孙邻居的人住进了卧室。

然后大管家宣布大儿子是别墅的主人（先主表琦为荆州刺史），然后大管家带着孙邻居的人一起去南边四间客房，四间客房立刻投降了。

我们来看一下局面。卧室现在是孙邻居的人住着。南边四间客房是刘管家住着。卫生间里还是三分天下，大儿子在浴缸里躺着，曹强盗的人在马桶上坐着，孙邻居的人在洗手池洗手。好，问题来了，接下来怎么办？

站在大儿子的角度，我弟弟跟强盗跑了，我现在是一家之主，大管家也明确宣布我是一家之主（先主表琦为荆州刺史），大管家占着四间客房，没事，因为大管家是我的人。但你孙邻居，你是来帮忙的，现在强盗被赶跑了，你忙也帮完了，孙邻居，请离开我家，从我家卧室离开。

那站在孙邻居的角度呢？你家老爷子刘老汉当年杀了我爹，我们两家虽然是邻居，但却是仇敌。之前一起打强盗，那是没办法，现在强盗打完了，我们两又恢复仇敌状态，既然是仇敌，你让我离开你家卧室我就离开吗？再者说，卧室啊，整个别墅里最好的地方，我就这样不要了？我也舍不得啊！

就在这个时候，大儿子不知道为什么突然死了。房主死了，那这房子现在属于谁？

有人说了，必须是大管家的啊。凭什么？

大儿子没有儿子吗？刘老汉没有其他侄子吗？怎么就轮到大管家了？

你大管家过继到刘老汉家了？是当弟弟，当儿子，当侄子，还是当孙子？否则不合理啊！

但接下来神奇的一幕出现了，大管家宣布，我继承了房子，我是房子的主人了。

有人说凭啥？大管家过继给大儿子了？他算大儿子的儿子，刘老汉的孙子吗？否则凭啥他继承？

如果非要找出大管家继承房产的理由，那就是刘老汉家疑似有个女儿，她有个儿子，这个儿子过继给了大管家，大管家如果随过继的儿子那边的话，他也算刘老汉家的人。大管家可以以这个身份继承。

当然，这都是猜测，总之大管家是继承了。

那既然大管家继承了，是房子的主人了，他当然有权利命令孙邻居离开卧室。

邻居是来帮忙的，霸占着我的卧室不走了，像话吗？

但结果呢？孙邻居确实离开了卧室，但却和大管家签了个合约，说是把卧室借给大管家。这就太神奇了，邻居来帮忙，霸占我卧室，再把卧室借给我，天下间还有这种道理吗？

更神奇的是，在合约里，还不仅仅是借卧室这一处，合约说有几处都按借的逻辑给大管家，那也就是南边四间客房，当时是大管家占着的，里面竟然还有一些算是孙邻居借给大管家的。而且后来孙邻居的人来讨要时，张口要三间客房，并不是卧室一间。这就更神奇了，凭什么算你孙邻居借给大管家的？这完全说不通啊！

尤其是南边四间客房，大管家先是承认大儿子是别墅主人，自己是主人的大管家，然后去了四间客房，四间客房立刻投降，为什么？他们是在向大儿子投降，我们原本是刘老汉的家丁，现在大儿子明确是接班人了，我们当家丁的向大儿子投降，天经地义。这里面有孙邻居啥事？凭啥连四间客房的部分地盘都算是孙邻居借给大管家的，凭啥啊？完全没道理啊！

但更神奇的是，大管家竟然承认了，他认为确实是孙邻居把几间房借给他，他也确实应该还，他只是掰扯什么时候还。

这是什么逻辑？大管家是名正言顺地接替大儿子的，他是别墅的主人，怎么会承认几间卧室是邻居借给他的？

这个问题，我以前百思不得其解。但突然有一天，我想明白了。想不通的原因，是因为我坚定一件事，那就是在大管家的心中，他认为自己是大儿子的接班人，如果坚定这件事，那永远想不通。假如换个角度，在大管家的心中，如果他认为自己也是强盗呢？有人说，大管家怎么会认为自己也是强盗呢？这是啥逻辑？

大家看，孙邻居为了打曹强盗，他暂时跟大儿子是友好关系，现在曹强盗被赶跑了，那孙邻居和大儿子又成了仇人关系，孙邻居成了新的强盗，他也是来抢大儿子家的，他和大管家是盟友。现在大儿子死了，如果大管家和孙邻居还是盟友，那大管家就是和孙邻居一头的强盗，也是来抢别墅的。所以前面说的合约就是在一种分赃逻辑下产生的。

那怎么分呢？按出力大小来分。谁出力多，谁分得多。

我们依据史料推理一下不同时期孙刘两家的出力情况。

第一期，从赤壁之战开始到赶走曹强盗。这时期大管家干了啥？大管家和孙邻居一起追击曹强盗，曹强盗坐船逃命，大管家烧了曹强盗的船，曹强盗只能弃船骑马逃向华容道，大管家追赶到华容道，慢了一步，曹强盗已经跑了。按关羽的描述，大管家在这段时期每天忙的睡觉都不脱盔甲，确实出了力。但大管家出的力在这阶段只起到辅助作用，没有孙邻居出力大，我们就按三七算，大管家出力是三，孙邻居出力是七。

第二期，打卧室。打卧室的时候，大管家和孙邻居交换了军队，大管家拿张飞和一千人换了孙邻居两千人，所以打卧室的时候，张飞带着一千人也参与了。而且关羽负责绝北道，截断曹强盗弟弟的后路，这对于打下卧室作用也很大，所以出力也按三七算吧，大管家出力三，孙邻居出力七。

第三期，分四间客房。之前按照继承逻辑，四间客房是向大儿子投降的，大管家继承大儿子，跟孙邻居没关系。但现在是强盗分赃逻辑。四间客房，是大管家带着交换来的孙邻居的两千兵一起去的，那就算是共同财产，就不是大管家一个人的。

有人说了，孙邻居才来两千兵，这还共同财产？那我们就需要研究下大管家去南方四间客房时，他手里可能有多少兵。诸葛亮曾经对孙权说，大儿子有一万兵，我们大管家也有一万兵。大管家的一万兵是关羽水军和长坂战败逃回的兵组成的。那现在的局势是啥？是关羽水军在绝北道，大管家和张飞只带着长坂战败逃回的兵，这些兵不多，所以大管家才用张飞加一千兵换孙邻居两千兵，这样能多换出一千兵。由此可见，大管家手下的兵确实不多，如果多，也没必要这么换。

所以大管家去南方四间客房，带的是长坂逃回的兵减一千加两千孙邻居的兵。

这长坂逃回的兵，还减去一千，与孙邻居兵来对比，这出力算几几开呢？我们按四六开来算吧，大管家出力六，孙邻居出力四。那也就是南方四间客房的价值，大管家有六成，孙邻居有四成。

那我们算个总账，假设卧室值 100 元，孙邻居占七成，就是 70 元，大管家占三成，就是 30 元。

四间房客里有一间普通装修的（长沙）算 70 元，剩下 3 间毛坯的各算 30 元，四间客房一共价值 160 元，大管家占六成，就是 96 元，孙邻居占四成是 64 元。总计，大管家一共算 126 元，孙邻居算 134 元。

但大管家对外的身份是大儿子的继承人啊，他必须占领这些地方，所以对外来看，卧室和南方四间客房必须全部让大管家占领，这等于占领了价值 260 元的地盘，但按强盗分赃逻辑，大管家只应该占价值 126 元的地方，那你多占了的价值 134 元的地方怎么算？只能算借的。

134 元什么概念？相当大管家借了一间卧室加一间毛坯客房，以后要还这么多。那如果大管家不想还卧室怎么办？那就是换一间普通装修客房，加两间毛坯客房，一共三间房。所以我们看史料，孙邻居要求大管家还的哪？“备既定益州，权求长沙、零、桂，备不承旨。”

长沙是普通装修客房，价值 70 元，零陵、桂阳两间毛坯客房，各价值 30 元，一共 130 元，这就对上了。

在外人看来，大管家是名正言顺的大儿子的接班人，得到了卧室和南方四间客房。但按大管家和孙邻居的强盗分赃逻辑是你刘备欠我 134 元钱，给你抹个零，你也得还我 130 元。要么是卧室＋一间毛坯客房，要么是一间普通客房＋两间毛坯客房，还钱的方式你自己选。

所以鲁肃找关羽要荆州时，张口就是你还我三个郡。

所以吕蒙第一次奇袭荆州时，奇袭的就是长沙、零陵、桂阳这三个郡。

说到这里，大家可能觉得已经把借荆州的账弄清楚了。其实不然，还有更说不清的问题。比如在黄盖传里，记载黄盖是武陵太守。武陵就是南边四间客房里的一间毛坯客房。在大管家的地盘里，怎么会出现黄盖当太守？有人说会不会是史料弄错了？

但在诸葛亮传里有这样的记载："曹公败于赤壁，引军归邺。先主遂收江南，以亮为军师中郎将，使督零陵、桂阳、长沙三郡，调其赋税，以充军实。"

发现没有，诸葛亮只收零陵、桂阳、长沙三个郡的税收，唯独没有武陵。可能武陵当时就在黄盖手里。

那为什么会出现这种情况？我认为这就是孙权坑刘备的地方。

孙权很可能在借荆州问题上搞了三套逻辑。第一套，官方逻辑。大管家刘备是刘琦的延续，卧室和四间客房都归刘备。第二套，强盗分赃逻辑。你刘备虽然占着这些地方了，但亲兄弟明算账，你欠我的 130 元钱得还。第三套，人情逻辑。你刘备都娶我妹妹了，咱是一家人了，明面上四间客房都归你，暗中我的人黄盖占着其中一间毛坯房，这个不算你还钱，你还欠我 130 元，这个算你孝敬我这大舅哥的。

你看，按我这逻辑，就解释了，为什么刘备是名正言顺的继承人，但却自己承认他是找孙权借的地盘。为什么刘备占荆南四郡，收税只收三个。为什么刘备明明只借了一个南郡，孙权的人张口要刘备还三个郡。

那借荆州问题说完了吗？还没有。

大家考虑一个问题，为什么孙权要把价值 130 元的地盘借给刘备。他比刘备强大，他完全可以不借啊。

按照周瑜的建议，他想把刘备软禁起来，把关羽、张飞分化掉，让刘备这个势力彻底消失。那孙权为什么要借给刘备地盘呢？

因为孙权把地盘借给刘备有三大好处。

第一，现在孙权的兵权在周瑜手里，而周瑜想把兵权带到益州去，局势很严峻。孙权把价值 130 元的地盘借给刘备，让刘备快速发展起来，刘备会感恩孙权，孙权能使用一个有实力的刘备来制衡周瑜。真到了局势不可控的一步，孙权可以让刘备去攻击周瑜。有一个有实力的刘备感恩着孙权，周瑜也不敢乱来。

第二，曹操虽然败了，但仍让乐进驻守在襄阳，时刻有可能来打来江陵，也就是曹操派乐进住在卧室大门口，时刻会来攻击卧室。如果敌人不断来进攻，大家不一定守得住卧室。所以把卧室借给刘备，要挨打，你挨着，别打我，你就算没扛住，地盘丢了，你也得还我钱。但如果是我孙权自己丢了卧室，那谁弥补我这损失？还有，敌人不断骚扰你，来搞破坏，会削弱你的发展。为什么关羽在荆州10年发展缓慢？因为乐进、文聘三天两头来打关羽，一会儿俘虏你一些军队，一会儿烧你的战船，你怎么发展？但孙权呢？自己回去发展江东和交州，基本不被影响，等我孙权这边实力上来了，你关羽在卧室却一直发展不起来，那我随时都能夺回卧室。

还有，交州的吴巨是刘备的朋友，本来刘备是打算去交州发展的。如果孙权不借地盘给刘备，孙权占领荆州，刘备占领交州。这可好了，交州归刘备，而孙权在荆州还挨打，太亏了。所以调换一下，把荆州借给刘备，让刘备去挨打，刘备还欠我钱，我还能去占领交州。

所以总结，鲁肃教孙权的借荆州计划的意义：1、制衡了周瑜。2、自己不用挨打。3、能占领交州。4、自己能在安全的环境下快速发展。

所以你看，鲁肃的借荆州计划其实是在下一盘大棋。

所以5年后，孙权来要账了。

刘备不给，孙权直接派吕蒙抢了三间客房，正好价值130元钱。刘备不干了，带了五万兵来，要跟孙权打架。

鲁肃建议谈判，双方就沟通。

最后决定，以湘水划界，湘水以西的卧室、毛坯客房武陵、毛坯客房零陵归大管家。湘水以东的浴室、普通客房长沙、毛坯客房桂阳归孙邻居。

那这么分合理吗？我们来看，大管家刘备获得一间卧室，两间毛坯客房，加起来160元。按之前的分赃逻辑，大管家贡献价值126元，等于他白赚了34元。

但是注意，我们一直没说一个地方，那就是卫生间，也就是江夏郡。在赤壁之战前，那里是三分天下，曹军占了马桶，刘琦占了浴缸，孙权占了洗手池。在刘琦死后，刘备接替，那刘琦占的浴缸就归刘备。现在湘水划界，明确说湘水以东的卫生间归孙权，那也就意味着卫生间的浴缸现在归孙权了。卫生间值多少钱呢，比卧室便宜，比普通客房归，就按85元算吧，我们算浴缸占卫生间的1/3，那就是28元，刚才说刘备白赚34元，现在刘备又给了孙权28元，等于刘备只赚了6元。这一点可以忽略不计，账目等于是平了，这俩人可以说是谁也不欠谁了。

所以说，湘水划界后，刘备就不欠孙权的了。4年后，219年，孙权军白衣渡江消灭关羽，这就是偷袭，和借荆州还账啥的没有任何关系了。

许多人说白衣渡江打关羽是因为刘备欠账不还，这其实是错误的。4 年前账就两清了。

好，还有最后一个问题，刘老汉的大儿子刘琦是怎么死的。

其实只有刘琦活着，孙权就理亏，你是来帮忙的，凭什么赖着卧室不走。只要刘琦活着，大管家刘备就无法获得荆州地盘，所有权是大公子的，和你一个管家没关系。

按照这个逻辑来看，刘琦之死的受益者，不仅仅是大管家刘备，邻居孙权也是受益者。

所以 A 可能，刘琦是自然死亡。B 可能，刘琦是被刘备害死的。C 可能，刘琦是被孙权害死的。D 可能，刘琦是被刘备和孙权联手害死的。我个人认为，除了 A 可能，别的选项都有可能，其中逻辑上面已经说过了。

第二十章 哪些罪过？刘备给刘璋列出了

抖音扫码听讲解

第一大罪过，纵容手下骂刘备不是男人，这是人格侮辱。

刘璋的手下张裕说刘备无须，在当时成年男子不能没胡子，如果没胡子，会被嘲笑是太监。所以大家记忆中赵云、周瑜是帅哥，他们没胡子，那是不可能的。

而刘璋的手下竟然在宴会中公然说刘备无须，这问题就很严重了。有人说无须是说下巴上没胡子，刘备只是下巴上不长胡子，但嘴唇上面还长，也有人认为刘备是彻底没胡子。但刘璋手下的意思是说刘备彻底没胡子，那就等于公然在宴会上骂刘备是太监。而刘璋竟然纵容手下，没有斥责，这难道不是刘璋的罪过吗？同样给人家当藩属，你看孙权的手下有敢侮辱刘备的吗？这就是差距啊，同样是生活在大汉的军阀，做人的差距怎么就这么大呢？

有人说了，不对，是刘备先骂刘璋手下的，他先笑话人家是大胡子，人家才说他是没胡子的。

我站在刘备的视角，给你举个例子。我刘备来到刘璋这，相当于新娘子嫁到益州，刘璋给了彩礼“米二十万斛，骑千匹，车千乘”。到了益州，刘璋迎亲的队伍非常豪华，“率步骑三万余人，车乘帐幔，精光曜日”。然后酒宴怎么样呢？“欢饮百余日”，三个多月天天摆酒宴。怎么样？这排面羡慕不？就在这期间的筵席中，我看见一个男方家的小朋友，我说这小朋友年龄不大，胡子不少啊！结果这小孩说，新娘子，你头顶怎么不长头发？所有人都看着我啊，我是新娘子啊！竟然被人说头顶没头发，这侮辱人了吧？我是长辈，我能说小孩，小孩能说我吗？当然，童言无忌，小孩不懂事，但大人不懂事吗？我不跟小孩计较，你新郎官呢？你是不是得出来训斥小孩，这是你男方家的啊！结果呢？新郎官无动于衷，不加以制止，那我就糊涂了，这到底是新郎官缺心眼，还是新郎官太有心眼了，故意给我来个下马威，故意让那个我丢人，要压我这新来的新娘子一头。无论是没心眼，还是太有心眼，这种场合出现这样的事肯定不合适吧？这就是新郎官刘璋第一得罪我的地方。

还没完，还有第二次，我嫁到你家来，你家有四套大别墅，巴郡、蜀郡、广汉、犍为。按道理，这个家有我一半，四套别墅，你是不是得分我一半？结果一套都不分给我，这还是人吗？不分别墅，这是对我的侮辱，这是刘璋的第二大罪过。

有人说了，那你之前嫁孙权的时候，孙权也没分你啊。

刘备说了，那不是把江陵大别墅送给我了吗？

有人说了，那是借，不是送。

刘备说了，借……就是个说法，我也没打算还啊，那跟白送我有什么区别。所以你看，孙权舍得送我江陵大别墅。刘璋让我住院子里的门卫室。

有人说了，那没错啊，刘璋请你来，就是让你来看门的，你住门卫室也应该。

刘备说了，非也，我是刘璋明媒正娶娶回家的，是正儿八经的联盟，地位是相等的，只是我善于守门才一直当门卫的，而且强盗曹操快来了，我知道怎么对付强盗曹操。刘璋懂吗？能对付曹操是我的能力，守门是我以前的工作，但不代表我必须去守门，就好比你家娶了一个新娘子，她以前是当保安的，所以她就不能睡卧室，必须睡大别墅的门卫室吗？这合理吗？

有四套别墅，一套都不给我，让我这个新娘子住门卫室，这是对我的第三次侮辱，刘璋的第三大罪过。

即便是睡门卫室，新郎官刘璋还派了两个小孩来看着我，一个叫高沛，一个叫杨怀，两小孩把我当贼一样防着，这就过分了吧？

你对比一下，孙权是白送我大别墅江陵。刘璋让我住门卫室，这差距太大了。孙权送我大别墅，我自己住，他也不管。刘璋这倒好，我都住门卫室了，还派两个小孩看着我，这是不信任我啊，夫妻之间，不信任就是罪过，猜疑就是罪过，你怕啥？怕我偷你家门卫室里的东西？无论是哪种，这都是对我人格的侮辱，我是什么人？

曹操峻急，我宽厚，曹操暴虐，我仁慈，曹操狡诈，我忠诚。我就是因为与曹操相反，所以才有今天的成就，我是宽厚、仁慈、忠诚之人。你新郎官刘璋派两个小孩看着我这个宽厚、仁慈、忠诚之人，就是对我的第四次侮辱，这是刘璋的第四大罪证。

有人说了，刘备啊，有没有可能，是你自己把自己当成了新娘子，把刘璋当成了新郎官呢？有没有可能站在刘璋的视角，他是雇主，你就是他雇来的保安呢？

让保安住门卫室，再找两小孩看着保安，这是不是属于正常操作，是不是你想多了？

刘备说了，不可能，如果是这样，他为什么给我那么多东西？

有人说了，这就是聘请保安的钱，这不是很正常吗？

刘备说了，不可能，绝对不可能。我是皇亲国戚，荆州的首领；刘璋也是皇亲国戚，益州的首领，我们俩地位是平等的，如果是合作，只能是新郎新娘，不能是雇主和保安，看不起谁呢？如果在刘璋心里我们是雇主和保安的关系，那就是他在侮辱我。

还没完，我要继续控诉刘璋，他还有第五大罪证。

曹操的乐进在打关羽，关羽是我弟弟，也就是刘璋的小舅子，你小舅子在挨打，我要回去救，你这个当姐夫的是不是应该主动意思意思？结果他一言不发！别人家小舅子出事了，当姐夫的都是砸锅卖铁，甚至把自己爸妈家房子卖了来帮助小舅子，这才是男人啊！刘璋呢？装不知道，这就是在侮辱我，这是他的第五大罪证。

既然你装傻，那我就挑明了，我要去救我弟，你给我军队一万，还有粮食、木材、石料、铁矿这些资源，谁让你是当姐夫的呢？

有人说了，有没有可能刘璋不是姐夫，刘璋是雇主呢？你是他雇的一个保安，你弟弟出事了，跟雇主有啥关系？

刘备说了，我不管，关羽就是刘璋的小舅子，他必须掏钱。

结果你们都想不到，我要一万兵，刘璋只给四千，我要的粮食、木材、石料、铁矿，刘璋都只给了一半。这就是刘璋的第六大罪过。

总结一下。

第一罪，纵容小孩侮辱我。第二罪，四套别墅不分我。第三罪，逼我住门卫室。第四罪，门卫室派人看着我。第五罪，我弟弟出事他装不知道。第六罪，我要的资源只给了一半。刘璋六次侮辱我，我该怎么办？反了！必须让刘璋净身出户。

于是我开始攻击刘璋的东州家丁队，队长护军李严投降了我，为什么？为什么李严这个家丁队长会背叛他而投靠我？这就是得道多助，失道寡助。

有人说了，是不是你勾结了家丁队长，或是对家丁队长许诺太多？

刘备说了，那也是刘璋失德啊，为什么我能给家丁队长更好的待遇，刘璋却不给？因为刘璋冷漠自私，因为他格局小。而我格局大，我甚至愿意把益州整个府库都分给将士们，我一点不要，全部给你们。

这就是仁慈战胜自私，正义战胜邪恶，这叫天降正义。

好，刘备视角看完了，我们再看刘璋视角。

刘璋说了，我请了一个女保安，结果女保安把自己当女主人了，她弟弟出了事要用钱，凭什么找我要啊？她又不是我老婆，但我仁慈，给了她要求的一半，结果她还急眼了，居然来打我，那我能惯着她吗？我派家丁队长去揍她，结果她收买了我的家丁队长，他们混到一起去了。

说到这里，大家也都明白，刘备给刘璋加的都是“欲加之罪”，都是为了攻打益州师出有名，因为益州是“隆中对”里的重要一环。

第二十一章 成都的？刘备是怎样攻下

抖音扫码听讲解

1、刘备为何一年都打不下刘璋的雒城？2、为何一年后刘备突然打下了雒城？3、为何抓住张任是在城外？4、为何雒城的主帅刘循没被抓住？5、为什么和张任一起在雒城的刘璝没被抓住？6、成都城里有三万精兵，刘璋之前为什么不派这三万精兵去打刘备？

我解答的钥匙，四个字，掎角之势。

因为雒城距离成都只有一百多里，运输队和步兵援军四五天就能到。雒城是个门板，它背后有一个战略支援地叫成都，成都源源不断地向雒城提供补给和援军，刘备当然打一年也打不动。

这个局势就跟孙权打合肥是一样的，合肥是个门板，它背后有寿春这个战略支援，所以孙权打不下合肥跟有没有张辽没太大关系，跟寿春这个战略支援地有很大关系。后来满宠守合肥，吴军也打不动；张特守合肥，吴军还是打不动。为什么？因为有寿春。

有人说了，刘备和孙权都太笨了，打什么门板啊，去打战略支援地啊！刘备绕过雒城去打成都不行吗？孙权绕过合肥去打寿春，这不就搞定了吗？

确实，成都和寿春都是战略支援地，但它们可不只是战略支援地，它们是攻击型的战略支援地。你以为刘备能打下成都吗？你以为孙权能打下寿春吗？而且你绕过去了把后背亮给了敌人，雒城和合肥可以出兵打你后背，到时候你腹背受敌。

我们很多时候总觉得古人是傻子，自己比历代帝王将相都聪明，事实上这是个误区。古代科技落后，但智力并不落后，以我们现代人经历的事所产生的这点实践经验来跟古代帝王将相相比，我们谁都比不上。人家是指挥成千上万的人口、资源产生的经验，我们大多数人连积累这种经验的基础都没有。许多时候史书里看似弱者的昏招，其实在当时都已经是最优解了，只是我们不了解那些帝王将相面临的实际环境，而且这个最优解，也不是个人意志，是一群高层的集体意志。

那刘备最后破了刘璋的掎角之势没有？

破了，怎么破的？因为张飞、诸葛亮、赵云三路军队到了成都城外。这个时候，如果成都的运输队、援军去支援雒城，就会被张飞、诸葛亮、赵云三路军队攻击，所以换言之，成都也进入了防御姿态，无法再支援雒城了，后来便被刘备攻破了。

注意，问题来了，如果雒城被攻破，那不光张任，刘循和刘璝也跑不了，但为什么只有张任被抓，刘循和刘璝没被抓？

我的推理是：在张飞、诸葛亮、赵云军快要逼近成都时，注意，是逼近，还没有合围。这时刘璋意识到成都将要被合围，一旦被合围，就无法再援救雒城，雒城将变成孤城，很快就会被攻破。所以，现在只有放弃雒城，让雒城的军队退守成都，与成都军合在一处，而雒城依然在被刘备军围攻着，雒城军要想去成都，那就只有强行突破。张任可能就是负责强行突破的，后来突破成功，大公子刘循和宗室刘璝退入了成都，张任本人却在城外被活捉了。

攻下雒城后，刘备、诸葛亮、张飞、赵云四军立刻合围成都。

我刚才说的六个问题，我解答了五个，最后一个问题，成都城里有三万精兵，刘璋之前为什么不派这三万精兵去打刘备？

事实上，之前打刘备的就是这三万精兵里的一部分，刘璋派刘璝、泠苞、张任、邓贤、吴懿去救援涪城，当时吴懿排名最后，他的身份是中郎将，那前四人也至少都是中郎将，中郎将就能指挥五千人，这五个中郎将，总共指挥两万五千人。后来吴懿投降了，如果吴懿是带着他的军队投降的，那就少了五千人，刘璋还有两万人，这两万人退到绵竹，在绵竹与刘备交战，损失不明。因为护军李严的投降，绵竹失守，剩下的人又退到雒城。刘璝、张任是明确退到雒城的，如果他们满员，那就是一万人；泠苞和邓贤下落不明，假设他俩其中一个人领兵跟着张任进了雒城，那退守雒城的人就是一万五千人，加上之前驻守雒城的大公子刘循军，假设刘循军也是五千人，那雒城就有两万人。假设雒城被刘备强攻了一年，伤亡一万人，这一年成都的援军又来了一万人，那雒城就还有两万人。假设张任带本部五千人去突围，剩下的一万五千人进入成都，那五千突围的人被刘备消灭了。结果就是成都城里有三万精兵，其中有原本驻守成都的三个军一万五千人，还有从雒城退守过来的三个军一万五千人，这就是三万精兵的组成，这都是我的推理。现在成都还有三万精兵和够吃一年的粮食，城外是刘备、张飞、诸葛亮、赵云四支军队，双方僵持上了。其实刘璋的优势不小，三万精兵加一年的粮食，这刘备打起来，也不是那么容易，但刘璋投降了。有人说了，刘璋胆子小，被吓坏了。非也，十四年前，还在成都，刘璋被数万军队合围，刘璋绝地反杀，追击敌军，一口气打到江州。历史重演了，刘璋再一次被合围在了成都，而且这次比上次强，上次他手里只有难民，这次手里有三万精兵和一年的粮食，但他选择了投降，这又是为什么呢？

我们先来看关于刘璋投降的记载："十九年，进围成都数十日，城中尚有精兵三万人，谷帛支一年，吏民咸欲死战。璋言：'父子在州二十余年，无恩德以加百姓。百姓攻战三年，肌膏草野者，以璋故也，何心能安！'遂开城出降，群下莫不流涕。先主迁璋于南郡公安，尽归其财物及故佩振威将军印绶。"

注意关键点，"吏民咸欲死战"，就是城里的官吏和百姓都要死战，不愿意投降，而刘璋反而要求投降，这是为什么？

有人说了，因为刘璋没骨气。

如果真是这样，那十四年前，刘璋也是被兵困成都，他是怎么绝地反杀的？

那我们来对比一下十四年前和这一回的情况，十四年前兵困成都的是谁？跟刘璋一起绝地反杀的又是谁？

十四年前，围困成都的是益州本地人，本地人在打成都的刘璋，跟刘璋一起反杀出去的是城里的东州难民。东州难民为什么要跟刘璋一起反杀出去？因为不拼命就死了。

史料记载："咸同心并力助璋，皆殊死战。"

那十四年后的今天是什么情况？包围成都的除了刘备的荆州兵，还有什么兵？那就是东州兵。李严带着中军，也就是东州兵主力投降了刘备，因为东州兵跟刘备了，那益州兵就站在东州兵的对立面帮刘璋，所以张任、严颜这些本地人都拼命反抗刘备。

那现在成都城里的"吏民咸欲死战"，这些吏民是什么人？就是益州本地人。

历史很有趣。十四年前，是本地人包围成都，要除掉刘璋和外地人。十四年后，是外地人包围成都，要除掉刘璋和本地人。

回到"吏民咸欲死战"，为什么在这个情况下刘璋选择了投降？

因为站在刘璋的角度看，上次有胜算，这次就不一定了。

当初刘璋的父亲刘焉作为外地人到了益州，打压本地人，收拢外地难民，所以刘焉和外地人的关系很好。刘璋接班后，外地人和刘璋也是一条心的。

但现在不一样了，外地人投降刘备了，原本被刘璋压制的本地人转而帮助刘璋，那这个忠诚度可靠吗？

好比你家邻居，你一直欺负他，欺负了十四年，现在因为要和别的小区小孩打架，他暂时跟你同盟了，他对你的忠诚度，你敢相信吗？

作为刘璋，他压制益州本地人十四年，现在刘备包围了成都，益州本地人要为刘璋拼命，刘璋敢信吗？本地人中没有刺杀自己投降刘备的就谢天谢地了，他敢指望本地人死战？

所以对于刘璋来说，直接投降是最好的选择。

投降后的刘璋被刘备弄到了荆州南郡看管起来，后来南郡被吕蒙占了，刘璋归了孙权，孙权为了对付刘备，封刘璋为益州牧，让刘璋驻守在秭归。秭归是益州和荆州的交界处。

秭归的东边有个地方叫夷陵。

刘备发动夷陵之战的时候，驻守在秭归的东吴益州牧就是刘璋，这可能也给刘备的用人造成了一定的顾虑。

第二十二章 怎么排的座次？刘备进成都后

刘备进入成都后，他手下的派系更复杂了，这需要重排一下座次。为了方便理解，我们借用《水浒传》里的绰号给刘备军排排座次。

1、天魁星：呼保义刘备。2、天罡星：玉麒麟吴懿（东州＋外戚）。3、天机星：智多星诸葛亮（荆州）、董和（东州）。4、天闲星：入云龙法正（东州）。5、天勇星：大刀关羽（宗室）。6、天雄星：豹子头张飞（宗室）。7、天猛星：霹雳火马超（军阀）。8、天威星：双鞭黄权（东州）。9、天英星：小李广李严（东州）。10、天贵星：小旋风费观（东州＋前外戚）。11、天富星：扑天雕彭羕（益州）。有人说了，黄忠呢？赵云呢？你凭啥这么排？有什么逻辑吗？

看史料，《三国志·蜀书·先主传第二》记载："先主复领益州牧，诸葛亮为股肱，法正为谋主，关羽、张飞、马超为爪牙，许靖、麋竺、简雍为宾友。及董和、黄权、李严等本璋之所授用也，吴壹、费观等又璋之婚亲也，彭羕又璋之所排摈也，刘巴者宿昔之所忌恨也，皆处之显任，尽其器能。有志之士，无不竞劝。"

咱们根据史料一点点来看。

"诸葛亮为股肱，法正为谋主"。

诸葛亮是山东人，也是荆州黄家的女婿。

荆州的蔡蒯庞三家跟曹操跑了，黄家没儿子，女婿诸葛亮接班。庞家儿子跑了，侄子庞统接班。所以形成了以诸葛亮、庞统为首的荆州派。

法正是东州派，什么叫东州派？以三辅人和南阳人为首的非益州人难民，全叫东州派。法正就是三辅难民，进入益州找饭吃，法正原本是东州派里混得最差的，但因为联合刘备入川，一跃成为东州派里最风光的，他是刘备的随军谋士之首。

我们看一下陈寿的行文结构，他说荆州派的诸葛亮是股肱，东州派法正是谋主，这就已经把局势描述明白了。这两人各自作为本派系的代言人，是一种制衡关系。

然后“关羽、张飞、马超为爪牙”。

关羽、张飞是宗室，是刘备的心腹。许多人说为什么刘元起、刘子敬、刘德然没记载了，他们为什么没在刘备势力里任职？这是因为刘备没在河北发展，去徐州的时候身份还比较低，宗族也不认为他会有什么大成就，自然不会跟他走。有人说了，那刘备现在混好了，成为益州之主了，他们为什么还不来呢？第一，从涿州到成都实在太远了。第二，他们现在属于曹魏的百姓，想走就能走吗？第三，他们是刘备的族人，不会被曹魏特殊关注吗？哪有自由？

刘备没有族人当宗室，那就只有关羽、张飞当宗室，因为他们“恩若兄弟”。

接着是马超，此时马超身上有好几个标签，第一、降将。第二、曾是独立的军阀。第三、边疆人。第四、他带着氐人军团。

如果是在曹魏或东吴，边疆来的降将是彻底没政治能量的，当权者不会重用你的。何况你又曾是独立的军阀，当权者更不敢重用你。

但问题是他带了大量的氐人军团，这怎么处理？你如果现在打压马超，那氐人军团不闹事吗？

刘备把马超军团送到了战区当门板，这个战区就是荆州南郡。一方面能让手握重兵的关羽盯住马超；另一方面，让马超军团防御着曹魏。

有人说，那氐人军团愿意吗？让关羽看着马超，万一出事呢？

刘备早就想到了这一点，面子必须给够，他封马超为平西将军，这是重号将军，关羽才是杂号将军，马超是刘备麾下唯一的重号将军。

接下来是以“许靖、麋竺、简雍为宾友”。

注意用词，“宾友”，说白了就是摆设，就是吉祥物。

许靖、麋竺、简雍虽然地位高，但没有任何实权，所以不列入排名。

许靖是蜀汉官职最高的人，现在是左将军长史，左将军刘备幕府第一人，幕府长史。这是什么概念呢？孙策是将军，张昭是长史。把刘备比作孙策的话，许靖的角色就是张昭。

有人说了，不对，刘备已经是大司马了，而许靖只是左将军长史，为什么不是大司马长史?

因为刘备的大司马是刘璋表举的,朝廷不认可,刘备拥有的大汉朝廷授予的官职是左将军,所以许靖这里是左将军长史,就是刘备将军幕府第一长史。

但刘备在幕府里又加了一个身份,叫署左将军府事,就是能决定左将军幕府的所有事的职位。

因为加了这个职位,原本的幕府长史就被架空了。

而且刘备任命的署左将军府事还不是一个人,而是两个人——诸葛亮和董和。

既然不给许靖实权,为什么还给许靖这么高的待遇呢?因为许靖是大名士,他早年跟堂兄弟许劭一起搞月旦评,他们评价的人物很多都能当官,当时的名士都很崇拜他们,所以刘备把许靖高高供着,有利于招揽人才。

麋竺是元老了,刘备没亏待他,面子也给足了,其地位比诸葛亮还高,史料原话是:“益州既平,拜为安汉将军,班在军师将军之右。”

麋竺虽然地位高,但元老派此时已经失势了,现在是东州派、荆州派龙虎争霸,元老派没资格上擂台,只能在下面当观众。

接着是简雍,刘备的老乡,很多人说简雍也算宗室,我认为不算,宗室是心腹,刘备肯定重用,比如关羽、张飞,他俩是有实权的。简雍毫无实权,与麋竺情况一样。

上面史料中的这个名单,就表现出了刘备势力派系力量的排名。

第一名,荆州派。第二名,东州派。第三名,宗室。第四名,徐州元老。第五名,幽州元老。如果非说还有第六名,那就是被压迫的益州本地人了。

如果不算益州本地人,那幽州元老就是倒数第一,徐州元老就是倒数第二。

守公安的士仁就是幽州元老。

守江陵的麋芳就是徐州元老。

这样一看,倒数第一和倒数第二投降了,是不是就好理解了?

有人说,陈寿怎么这里不写黄忠、赵云、魏延啊?

因为此时的黄忠、赵云、魏延都不是刘备势力的高层。

这时是 214 年,吴懿、黄权、李严是刘备势力的高层,黄忠、赵云、魏延不是刘备势力的高层。这和我们的常规理解完全不一样。

再往下,陈寿开始写刘备对刘璋手下人的安排。

“及董和、黄权、李严等本璋之所授用也。”

这三人都是东州派的,董和的工作内容是和诸葛亮是一样的,都是署左将军府事,这是刘备的制衡安排。

比如东州派的法正是谋主，他跟在刘备身边出主意。那谁来制衡他？荆州派有谁能一直在刘备身边当高级顾问？有，马良。

此时马良人在荆州辅助关羽，刘备把马良从荆州调到益州来当左将军掾，跟在刘备身边。刘备当皇帝后，马良当侍中，就是皇帝的高级顾问，还是跟在刘备身边。刘备在首都，马良就跟在身边出主意，处理政务；刘备出去打仗，法正就跟在身边出谋划策，处理军务。东州派和荆州派在顾问这个位置上，也形成了制衡。

那刘备去打仗，带的将军是谁？黄忠、黄权。这也得制衡。

那留守在家的呢？东州派有李严，荆州派有马谡，他俩都负责平定南方的叛乱。

许多人对马谡有偏见，认为马谡没能力、没经验，这个是不对的。

马谡守街亭时 38 岁，他 24 岁时随刘备入川，他先后当绵竹令、成都令、越嶲太守、丞相府参军，这一共干了 14 年，咋就没能力、没经验呢？

有人问了，上面的名单里怎么没马良、马谡呢？因为陈寿在这段文字里没写，那为什么不写呢？因为此时的马良、马谡不是刘备势力的高层，跟黄忠、赵云、魏延一样，没有资格出现在这段文字里。因为要制衡法正、李严，所以荆州派后面要拔高马良、马谡的地位。

那刘璋的旧部里除了东州的董和、黄权、李严被重用，还有谁被重用呢？还有外戚吴懿、费观，他们既是东州派，又是外戚。外戚这个身份没有东州派价值高的时候，那他们就是东州派，比如吴懿投降刘备的时候。外戚这个身份比东州派价值高的时候，那他们就是外戚，比如诸葛亮弹劾李严的时候。

有人说了，吴懿我能理解，他妹妹是刘焉的儿媳妇，后来又是刘备的老婆。这个费观是谁？费观的姑姑是刘焉的老婆，是刘璋的亲妈，费观本人又是刘璋的女婿，费观有个侄子，叫费祎，这可是个大人物，是未来蜀汉的重臣。

接着看名单，下一个是彭羕，益州本地人，代表益州人利益，被刘备提拔为益州治中，益州州府二号人物，代表着益州势力的崛起，这说明刘备是想提拔一股新势力入局的。但这个崛起遭到了荆州派诸葛亮的反对，被打压下去了，没有形成荆州、东州、益州三足鼎立的局势。

最后，陈寿提到了刘巴，此人最特别，属于不愿意跟刘备的，他一直躲避刘备，但刘备说谁敢动刘巴，我灭他三族，这感动了刘巴。刘巴算是反刘备势力，但无路可走，只能给刘备干活，所以陈寿放在了最后。

第二十三章 蜀汉国力衰弱？几千头麋鹿导致

抖音扫码听讲解

是的，你没听错，几千头麋鹿造成了蜀汉 48 年的国力衰弱。

乍一听，这是什么逻辑？请大家听我细说。

215 年，曹军在打阳平关，曹军一旦突破，便会占领汉中、巴西，直逼成都。按道理讲刘备现在很危险，但刘备却无视此事，反而带领五万大军奔往荆州威慑孙权，逼孙权谈判。

刘备自信何来呢？就是刘备认为曹操一年内打不下阳平关，刘备可以先威慑孙权放弃荆州的领土，然后再带兵返回益州，攻击张鲁，守住汉中。

不出意外的话，刘备将获得荆州、益州包括汉中的所有地盘和人口。

但偏偏出了意外，曹操很快突破了阳平关，占领了汉中、巴西，刘备只得草草结束荆州的谈判，只要回一个零陵郡就结束了谈判，他快速返回益州，赶走了曹军。

曹军虽然被赶走了，但汉中和巴西的几十万人口被曹操迁走了，这导致益州人口严重流失。

这和刘备原本的预期相比，少了荆州三个郡，少了益州几十万人口，造成了不可逆的国力衰弱。

那导致刘备计划满盘皆输的这个意外是啥呢？竟然是几千头麋鹿，听上去是不是不可思议？

是这样的，曹操打阳平关。一开始打不动，伤亡很大，曹操决定放弃了，命令夏侯惇召回前军，但前军走远了，没收到撤军的消息。后来前军迷路了，误打误撞发现了张鲁军的核心据点。按道理来说，即便曹军找到了张鲁军的核心据点，其实也打不动，但新的意外出现了——几千头野生麋鹿撞坏了张鲁军的核心据点的防御设施，张鲁军没防御设施了，又看见曹军来了，便吓跑了，曹军不费吹灰之力拿下核心据点，然后攻破了阳平关。

原本曹操都下令撤军了，因为前军迷路和出现麋鹿，竟然意外拿下阳平关，从而能一口气吃下汉中和巴西，曹魏管这件事叫“天祚大魏”，祚是保佑的意思，就是老天爷在保佑曹魏。

所以刘备的计划再周全，他也不可能算到曹军迷路和出现几千头麋鹿这些意外事件。

有人说了，这个记载也太离谱了，怎么会莫名其妙出现几千头麋鹿呢？当时人都没饭吃，这几千头麋鹿没被饥民给吃了？

这几千头麋鹿如果在别的地方，应该早就被饥民吃了，但在张鲁的地盘上不会。因为张鲁管理的汉中百姓丰衣足食，安居乐业。有人说了，就算如此，没猎人去猎杀这些麋鹿吗？

因为当时张鲁规定春夏两季万物生长之时禁止猎杀动物。曹操打阳平关是在5月左右，正属于春夏两季之间，是张鲁禁止打猎的时期，所以才会出现几千头麋鹿。

第二十四章 汉中之战时刘备面临哪些困难？

抖音扫码听讲解

从前有座山，山上有个关，关里有个征西将军，他叫夏侯渊。征西将军给小将们讲故事，讲的什么故事呢？说山旁还是山，山上有据点，据点里有个荡寇将军，名字叫张郃。张郃给小将们讲故事，讲的什么故事呢？讲两山之间有条道，叫马鸣阁道，道上有个横野将军，名字叫徐晃。那刘备要打的是这个征西将军的山，还是这个荡寇将军的山呢？刘备想了想，征西将军的关是石头房子，荡寇将军的据点是木头房子，这个横野将军守在野外的山道上，他应该是茅草房子。

具体怎么打呢？刘备自己守在石头房子前面，也就是守在征西将军夏侯渊的阳平关前。然后派大将陈式带一万兵去打茅草房子，也就是去打马鸣阁道的横野将军徐晃，然后刘备再派一万人去攻击木头房子，也就是去打广石据点的荡寇将军张郃。

《三国志·魏书·张乐于张徐传第十七》记载："刘备屯阳平，郃屯广石。备以精卒万余，分为十部，夜急攻郃。""备遣陈式等十余营绝马鸣阁道。"马鸣阁道是陈仓道与阳平关的连接点，战略地位非常重要，曹操亲口说："此阁道，汉中之险要咽喉也。刘备欲断绝外内，以取汉中。"

曹操说刘备要切断马鸣阁道的目的就是"断绝外内"，彻底断绝夏侯渊、张郃、徐晃军团与外界的关联，切断他们与下辩的曹洪军的联系。

刘备这一出手就是狠招，一眼看破战局的核心点，对着核心点就攻过去了。

但是夏侯渊的布局，也很讲究，这可以算得上是个阵法了，评书里管这个叫天地三才阵。夏侯渊在天阵阵眼，张郃在地阵阵眼，徐晃在人阵阵眼，三阵组成掎角之势。如果你攻击天阵的夏侯渊，那人阵的徐晃来救援，你被前后夹击。如果你攻击人阵的徐晃，那天阵、地阵同时来救援，你被三路夹击。

刘备的应对方法很巧妙，我同时攻击马鸣阁道和广石，让广石的张郃无法来救援徐晃。有人说了，那夏侯渊从阳平关杀出来去攻击陈式怎么办？刘备本人就守在阳平关门外，你要出来那太好了，就怕你不出来。

阳平关的防御力非常高，曹操当年是靠运气才拿下阳平关，你现在让刘备去正面打下阳平关，可以说毫无可能。所以如果去攻击马鸣阁道，能引出夏侯渊，那才是目的之一。

有人说了，夏侯渊又不傻，你刘备守在我门口，就想骗我出门，我才不出来呢！可是后来刘备本人走了，他带一万军队打张郃去了，留下少量军队守在阳平关门口，守将疑似是高翔。夏侯渊这下不怕了吧？刘备本人都走了。

夏侯渊是曹魏核心统帅，当然不会上当，所以夏侯渊并没有额外分兵去救援马鸣阁道，还是依靠徐晃去攻击要绝断马鸣阁道的陈式。张郃那也被刘备攻击，也无法抽身去支援徐晃。

结果如何呢？“晃别征破之，贼自投山谷，多死者。”徐晃赢了。张郃那边呢？“郃率亲兵搏战，备不能克。”

徐晃、张郃都赢了，那刘备的计划失败了吗？刘备还有机会断绝内外吗？

有，刘备绝马鸣阁道的目的是要切断陈仓道，让夏侯渊军无法与下辩的曹洪军产生联系，既然绝马鸣阁道失败了，那就再去切陈仓道，只要能切断敌军、孤立敌军就可以了，切哪不是切呢？

那谁去切断陈仓道呢？按照一些学者的推理，他们认为是下辩之战战败的张飞、马超，他俩切断了陈仓道，所以下辩的曹洪无法突破他们去援助夏侯渊。

那张飞、马超为什么不沿着陈仓道一口气冲下来，来攻击阳平关、马鸣阁道和广石据点呢？为什么张飞、马超不和刘备合兵一处呢？还是刘备认为攻下阳平关很容易，不需要张飞和马超的支援？

张飞、马超没能与刘备合兵一处打阳平关，也恰恰是因为被曹洪、曹休拖住了。大家反过来想想，是不是这样？

所以也就是曹洪、曹休与张飞、马超耗上了，我走不了，你也走不了，这两支军队谁都无法去与队友汇合，互相耗在这了。

所以刘备想调张飞、马超来合兵打阳平关也不可能。

这下好了，双方的援军都来不了，刘备与夏侯渊只得陷入僵局。

这个时候，就需要外力来破局了，通俗点说，就是谁的援军先到谁就赢了。

双方都在呼唤援军，刘备给成都的诸葛亮写信，要求诸葛亮赶快再想办法调军队和粮食过来。这让诸葛亮都迟疑了，前方啥情况啊？怎么还要兵要粮啊？这时一个官员就说了，让男人全部上战场，女人全部去当劳夫，应当全力支援前线。说话的人是谁呢？叫杨洪，这个名字不重要，重要的是他是李严一手提拔的，李严是什么人？东州派核心人物。有人说了，东州派这个李严很有实力吗？他都干过什么事？

李严救了蜀汉政权的命。

为什么这么说？因为这时出事了，刘备后院起火，数万贼寇造反，贼军已经到资中县了，离成都就一百多公里了。而刘备的主力军全部压在汉中战场，后方没人了。

如果数万叛军打下成都，那就全完了，刘备正面战场没吃下夏侯渊，背后家里又被人偷袭，刘备势力基本就退出历史舞台了。

有人说了，这些贼寇怎么那么坏，趁刘备去打汉中就跑来偷袭刘备的家，这也太坏了。

我们思考一个问题，这数万贼寇在刘备打汉中之前就有吗？如果是这样，刘备应该先剿灭他们才对。

那这数万贼寇是怎么冒出来的呢？这些贼寇原本又是什么人呢？

我个人认为，他们原本是益州本地人，这是益州本地人造反。那益州本地人为什么造反呢？因为益州本地人地位最低，被东州人和荆州人踩在脚下，他们渴望推翻割据政权，所以一直在等待机会，现在刘备军主力全部在汉中，这是一次很好的机会。

面对这个严峻的局面，是谁挽救了蜀汉呢？李严，他带领本郡的五千军队，攻击数万敌军，斩杀贼首，让其他益州本地人回复户籍。就这样，刘备大后方的祸患平息了。

然后大后方按着杨洪说的，让男人全部上战场，让女人全部搞运输，竭尽全力增援在汉中的刘备。219 年，刘备军击杀夏侯渊，最终赢得了汉中之战的胜利。

第二十五章 刘备封的最高级别的侯是谁？

抖音扫码听讲解

有人说是关羽，有人说是诸葛亮，有人说是法正，都不对，明确记载是刘备封的最高级别的侯是申耽，他是员乡侯，是乡侯级别。

有人问了，这人谁啊？听都没听过，凭什么比关羽的爵位高？

申耽不光比关羽的爵位高，他还是当时刘备军最高级别的侯，刘备只封过一个乡侯，就是他。

大家会好奇，他凭什么？

申耽还有个弟弟叫申仪，他们是益州汉中郡人，申家在上庸一带聚众数千家，注意是家，不是人，如果一家四口人，假设有四千家，那就是一万多人。申家兄弟聚集了一万多人，他们先勾结张鲁，然后投靠曹军，曹操封申耽为上庸太守、员乡侯。注意，这个员乡侯至少是乡侯，如果当时有员乡县，那这就是县侯了。汉中之战后，刘封和孟达来打上庸，上庸申家投降，把老婆孩子及族人都送到成都给刘备当人质，申家是降将，刘备该封他什么官呢？

刘备当然不能亏待申耽，人家原本是上庸太守、员乡侯，那还得是上庸太守、员乡侯，职务和爵位不能变。

这事估计让很多刘备的手下坐不住了，凭什么他一个降将，凭什么职务和爵位照旧？连乡侯都照旧，那可是乡侯啊！目前我们刘备军一个乡侯都没有，没想到这第一个乡侯竟然是降将，而且是曹操之前封的，怎么能按曹操封的来封呢？

就在此时，刘备又加了一句，封申耽为征北将军。

征北将军啊，什么概念？重号将军级别。刘备手下最高级别的就是重号将军了，原本只有一人，征西将军黄忠，现在加了一人，征北将军申耽。

这合理吗？黄忠能当征西将军，是因为他带兵斩了夏侯渊，夏侯渊是征西将军，刘备把斩了夏侯渊的黄忠封为征西将军，这里多少有一些戏弄曹操的意思，所以黄忠这个重号将军是为了戏弄曹操而特封的，已经不太合理了，但黄忠好歹斩了夏侯渊，那申耽干了什么，直接投降就封重号将军了？因为把老婆孩子和族人全给刘备当人质，所以封重号将军？

当时宗室关羽、张飞才是杂号将军，申耽就重号将军了？

当时荆州派储君刘封才是杂号将军，申耽就重号将军了？

这时，刘备又加封一条，申耽的弟弟申仪封建信将军、西城太守。

此话一出，恐怕赵云听了要沉默，士仁听了要流泪啊！

江北元老派跟了刘备三十多年，也没一个人当上重号将军。一个地方豪强，还是投降的，就封重号将军。

江北元老派的赵云跟着刘备打博望之战、长坂之战、赤壁之战、荆南之战，这才混上个杂号将军。一个投降者的弟弟，啥也没干，就是跟着哥哥投降了，就是杂号将军了，就立刻当太守了。这合理吗？

有人说了，刘备是不是脑子糊涂了，打赢汉中之战后昏头了，怎么能这么封官？

其实你仔细研究下刘备一路的成长过程，你就会发现，刘备在延续一贯的逻辑，他并没昏头。

刘备在幽州时代，他有关羽、张飞、简雍、士仁这些将领，这是他的一等手下。

但到了徐州时代，徐州的麋家能供应兵马钱粮，关羽、张飞、简雍、士仁这些人不行啊，关羽、张飞算宗室，算刘备兄弟，这另当别论。但那简雍、士仁等人还有地位吗？咋跟能提供兵马钱粮的麋家比？所以宗室和徐州官员成为一等手下，幽州官员成为二等手下。

接着刘备到了荆州，荆州人能为刘备提供兵马钱粮，失去江北的徐州人、幽州人也提供不了了，他们两派地位一样了，所以荆州人成为一等手下，江北元老成为二等手下。

等刘备又占领益州，东州人成为一等臣子，荆州人稍弱，成为一等半臣子，江北元老依然是二等臣子。

现在刘备新占领了上庸一带，逻辑上就是上庸人后来居上成为一等臣子，东州派是二等臣子，荆州派是二等半臣子，江北元老变成三等臣子。

逻辑很简单，后来者居上，谁最后加入，谁待遇最高，最先加入的江北元老那就一直是垫底，每新有一方势力加入，他们就降级一位。等刘备打下凉州，江北元老就是四等臣子，等刘备再打下司州，那江北元老就是五等臣子。放心，这还不是谷底，大汉有十三个州，江北元老还能再跌，还有潜力。

有人说了，蜀汉首都在益州，依靠东州人我能理解，有必要这么重封上庸人吗？

你这么想，上庸旁边是哪？就是南阳啊，洛阳、许县的邻居，大家口中的中原，上庸人投降了刘备是这个待遇，那我们中原人投降刘备不得给三公、县侯啊！

有人说了，至于吗？

真至于，你仔细想，假设颍川士族锺繇、陈群投降了刘备，这是不是得三公级别加县侯？

如果刘备真的打进了中原，这一幕真发生了，你是跟了刘备三十多年的幽州人士仁，想问你有何感想？

有人说了，那曹魏和东吴有这种情况吗？

先看东吴，孙策从淮泗起家，淮泗人是一等臣子，等到了江东，淮泗人失去了淮泗，无法再持续向孙家提供兵马钱粮，而孙家在江东，江东人可以持续向孙家提供兵马钱粮，所以淮泗人得降级为二等臣子，江东人是一等臣子。那这个现象发生了吗？在孙策时代没有，因为孙策没按规矩来，结果孙策就被江东士族的门客刺杀了。孙权接班时，把淮泗人一分为二，分为淮泗征伐和淮泗流寓，他把淮泗流寓当心腹，这就变成了江东人一等臣子，淮泗流寓一等半臣子，淮泗征伐二等臣子。

发现没有，淮泗征伐和刘备军的江北人很像，都是跟着打过来，从江北打到江南，都是失去了江北的资源，无法再持续向主公提供资源而变成垫底的。所以这些垫底的人都想投降，刘备这边的江北人糜芳、士仁投降了；孙权这边的江北人张昭带人想投降；江北人周瑜想带人去益州，想搞脱离；后来江北元老韩当的儿子也叛逃了。

现在刘备打下上庸，把上庸人封到顶了。那孙权打下交州，有把交州人封到顶吗？没有，因为孙权只是名义上攻下交州，交州南部的士燮其实是藩属，士燮在人家自己的地盘等于是土皇帝，不存在是你孙权几等臣子的问题，所以交州人不参与这个排序。

有人说了，孙权接下来占领了荆州，孙权的荆州等于刘备的上庸了吧？

逻辑上是这样的。

孙权应该重封以荆州人，封到顶，就像刘备封上庸人一样，后来者居上。

但孙权并没有，荆州人的除了潘濬、郝普，其他人都没啥地位，完全没改变孙权那边的整体格局。

有人说了，那不对啊，孙权是不是弄错了？

你看，刘备重封上庸人，是封给中原人看的，这对于刘备未来占领中原有大作用。

孙权的荆州和益州、司州是邻居，孙权不知道重封荆州人有利于打下益州和司州吗？他知道，但是孙权没打算打益州和司州，因为孙权威望有限，他与江东士族是合作关系，相当于一种共治的模式，占领扬交荆三个州就已经是他的极限了。真占领了益州，益州都督在西，孙权在东，他也管理不动。万一真重封了荆州人，江东人闹出其他事来，孙权不一定压得住，他可不想成为第二个孙策。

所以孙权放弃了这个模式，对于孙权来说，占领荆州就好比游戏通关了，就没必要重封新投降的荆州人了。

但刘备这没通关啊，他要打进中原呢，那就必须重封最新投降的上庸人，原来的所有臣子都要降一级。那这样会有问题吗？会，任何一个决定都有好的一面和坏的一面。

我刘备要诱惑中原人，那就必然导致现在臣子的忠诚度降低，这很正常。

这就是取舍问题，如果你认为你能控住公司，公司不会乱，还能成功诱惑到中原人，那就可以做。

反过来，如果你威望不够，像孙权一样，你认为你可能控不住公司，也挖不到外面的人，那就放弃。

显然，刘备和孙权不同，刘备是有雄心壮志的，所以刘备就这么干了。

那曹操这边呢？曹操最早的手下大部分是豫州人，主要是曹氏家族豫州人和颍川士族豫州人，所以豫州人是一等臣子。同理，曹操到了兖州发展，豫州人无法再持续供应兵马钱粮了，而兖州人张邈、陈宫、高顺等能供应，所以按道理兖州人应该是一等臣子，豫州人变成二等臣子。但由于种种原因，曹操仍把豫州人当一等臣子，兖州人只能当二等臣子，这和孙策很像，所以出现什么结果？孙策被刺杀了；曹操的兖州大崩溃，张邈、陈宫、高顺带着兖州人跟吕布了。

后来曹操占领了徐州，那徐州臣子应该当一等臣子了吧？非也，曹操把徐州交给藩属臧霸管理，自己不管了，这和孙权的士燮很像，所以徐州人不进入曹操这边的臣子排序。

曹操这边依然是豫州人为一等臣子，兖州人是叛徒，徐州人不进入排序。然后曹操吃下了豫州和司州，豫州人拿回了豫州，可以重新为曹操持续供应兵马钱粮了，豫州人坐稳了一等臣子的位子。司州人里边，一半是三辅人，大逃亡去了益州，就是新益州人，所以司州缺少人口，强不起来，曹操让豫州人管理司州，所以在曹操那里，豫州人还是一等臣子，连个二等臣子都没有，兖州人永远是垫底，谁来都比兖州人地位高。

再后来曹操吃下了袁绍的地盘，那怎么排序呢？北四州里的青州交割给臧霸管理；幽州是最北面的州，曹操让幽州人自治了，这样还剩下并州和冀州。

冀州曾是袁绍的总部，曹操为了统治需要，强行把自己的总部搬到冀州，要拔高冀州人。

这和刘备把首都定在益州，要拔高新益州人一样。

那豫州人能愿意吗？肯定不愿意，所以矛盾出现，豫州人首领荀彧、荀攸相继死亡。

斗争越来越激烈，豫州人不愿意当二等臣子，暗中扶植大公子曹丕，冀州人和其他势力一起扶持小公子曹植。

最后的结果是，曹操在多方面因素下，还是向豫州人妥协了，定曹丕当王太子，豫州人依然是一等臣子，冀州人彻底失势。但曹家的制衡没消失，豫州人里有颍川士族和曹家宗室，士族和宗室还继续斗。

我们对比一下，刘备起家靠江北人，孙家起家靠江北人，最后江北人都成为垫底的。为什么曹操起家靠的豫州人一直坚持到了最后？核心就是曹家夺回了豫州，豫州人重新拥有了豫州，他们能继续向主公供应兵马钱粮，因此他们的地位就保住了。

这就是孙家的淮泗人在失去淮泗后，为什么反反复复要求打回淮泗的原因，也就是东吴一次次打合肥的原因。这就是为什么刘备的荆州人在失去荆州后，一定要打夷陵之战夺回荆州的原因，荆州人没了荆州，按规则就要降级了。

第二十六章 小人是谁？孟达说的刘备身边的

抖音扫码听讲解

有人说了，孟达是个叛徒，叛徒的话能信？刘备身边哪有小人？孟达就是为自己叛变找借口而已。孟达叛变前，给刘备写了一封信，大概意思是说：以前申生极尽孝道却被父亲怀疑，伍子胥极尽忠诚却被君上诛杀，蒙恬开拓领土却身受死刑，乐毅打败齐国却遭遇谗邪奸佞之言。臣每次读到这些史书，从来没有一次不感叹流泪的。然而我现在却亲身碰到这种事，就更为之伤心欲绝。注意，孟达认为自己的处境和伍子胥、蒙恬、乐毅是一样的，我是忠臣，但是有奸佞之人对刘备进谗言。那么问题来了，这个奸佞是谁呢？

有人说了，是刘封啊，史料明确记载刘封与孟达不和睦，刘封抢夺了孟达的军乐队，孟达害怕刘备降罪，又恨刘封，然后给刘备上表告辞。

史书就这么写的。

确实，史书是这么写的，但你没觉得逻辑不通吗？

首先，刘封和孟达不和睦，这是必然的，因为刘封是荆州人，孟达是东州人，在刘备集团内部，现在是荆州派与东州派龙虎争霸时期，他们俩如果和睦了，那不成自己派系的叛徒了？

有人说了，既然他们俩不和睦，为什么要让他们俩一起守城呢？

这叫制衡，不光刘备这样，家家都这样。

咱们分析一下，刘封抢走孟达的军乐队，孟达因为这件事害怕被刘备降罪，这不是很奇怪吗？荆州派刘封抢我东州派孟达的军乐队，然后刘备还降罪我东州派孟达，你觉得逻辑通吗？然后说孟达恨刘封，导致孟达叛变。我们记着啊，史书写的是孟达恨刘封。但大家知道刘封临死前说的啥吗？恨不听孟达之言啊！那孟达对刘封说了啥呢？孟达说，主上英明，臣下就忠直，那些谗言欺诈就不通行了。如果有人欺君挟主，即使是贤明的父亲和慈爱的长辈，也会使立功的忠臣遭受灾祸，怀仁的孝子陷入灾难。文种、商鞅、白起、孝己、伯奇都是这样……

那我们来看孟达的意思，谁是文种？谁是商鞅？谁是白起？那不就是孟达自己吗？

谁是孝己？谁是伯奇？那不就是刘封吗？

我们都是好人，我们都没错，但我们得跑，为什么？因为有谗言，因为有人欺君挟主，这使立功的忠臣遭受灾祸，怀仁的孝子陷入灾难。

看看孟达对刘封说的话，你感觉他跟刘封是敌对的吗？

他要表达的是他跟刘封同命相连，因为有坏人，所以忠臣孝子也得逃命。

结果刘封不信，最后刘封临死前说："恨不用孟子度之言！"

所以从孟达和刘封的对话中，你还认为孟达叛逃是因为刘封欺负他吗？

那么新问题来了，孟达说的奸佞是谁？孟达说谁挟持君主刘备呢？

我们不得而知，因为史料里没说明白。

那孟达人在上庸，又不在刘备身边，他为什么坚定认为一定是有奸佞要害他和刘封？为什么他坚定认为刘备是被人挟持了？孟达都不在京城，他咋知道的？

有人说，孟达有被迫害妄想症。

也有人认为，孟达怎么说也是东州派的高层人物，手下没细作吗？在京城没有耳目吗？

关于这一点，我有一点个人解读，一家之言，姑且听之。

孟达是220年7月左右叛逃的，在这之前的大半年里，刘备军内部有什么大事发生吗？有三件大事发生在这个时间段里：1、东州派顶级人物法正死亡。2、荆州派顶级武将黄忠死亡。3、关羽被杀。前两者的死对他们各自的派系都是很大的削弱，但东州派更吃亏，因为法正的分量比黄忠要重。这两个人为什么会死，众说纷纭。A观点认为，这是正常死亡。B观点认为，这是刘备在制衡。C观点认为，这是东州派、荆州派斗争的结果。D观点认为，这是益州本地人干的，他们想挑拨两派。E观点认为，可能是宗室干的，现在荆州派失去了荆州，犹如失去一臂，未来可能斗不过东州派。如果荆州派被东州派压下去，那东州派就会一家独大，到时候刘备这里的格局会变成和曹魏那一样，所以只能用宗室来制衡士族，但刘备的宗室只有关羽、张飞，现在关羽死了，只剩张飞，那张飞能制衡住东州派吗？所以宗室要先下手，给两派都减减分。F观点认为，有没有可能是东吴或曹魏干的。

总之，观点众多，众说纷纭，但你站在孟达的立场，他能看见的是啥？

这就是 G 观点。

G 观点是啥？听我孟达分析。

法正之前是随军谋士，后来被刘备封为了护军将军，手握东州兵兵权。为什么法正一拿到兵权就死了？这不奇怪吗？是触动了谁的利益？到底是谁不愿意看见法正拿到兵权？

有人说了，是诸葛亮吗？

不对，跟诸葛亮没关系，东州兵一直在我们东州派手里，刘璋时期，在护军李严手里；然后刘备来了，东州兵在护军吴懿手里；后来跟曹军作战，东州兵在护军黄权手里；现在打赢了汉中之战，刘备把护军给法正了。

这跟诸葛亮没关系，无论兵权给谁，都跟诸葛亮没关系，而且刘封是荆州派的储君，诸葛亮害自己派系的储君干什么？

所以，如果害死法正、我孟达、刘封到底对谁有利？

是吴懿，就是他！

他把妹妹嫁给刘备，成为刘备的大舅子，他拿到了护军，但因为打仗，护军给黄权了，他认为护军会回归他手里。结果呢？护军给法正了，现在法正功劳大，护军不会再回到他手里了，他要夺回兵权，所以害死法正，这个奸佞就是他。

而且他一定不会让刘封继承刘备的，按礼法，必须是过继子刘封继承刘备，但如果这样，他的利益就受损了，他会想方设法给刘备进谗言，让刘备杀刘封，好让他妹妹带着的阿斗接班。阿斗从 7 岁开始，就由他妹妹养着，至今已经 6 年了，阿斗已经成了他妹妹的儿子，成他外甥了。只要阿斗接班，他作为舅舅，那权利就大了。所以他一定会害死刘封的。而我是法正的搭档，法正死了，下一个就是我了。所以他一定会向刘备进谗言，害死我和刘封。

有人说了，不对啊，吴懿不是你们东州派的吗？害自己人干什么？啥自己人，狭义的东州派是南阳人和三辅人，我和法正都是三辅人，吴懿既不是三辅人，也不是南阳人，他不算狭义东州派，他只是广义东州派而已。而且他现在身份变了，他是外戚。

以上是我的一家之言。有人说了，那法正死了，孟达叛变了，吴懿拿回兵权了吗？我认为是拿回了，一年后的 221 年，刘备称帝，吴懿被封为关中都督。刘备临死前可能是惧怕外戚手握大权，就把东州兵的兵权给了李严，封其为中都护。所以在这期间吴懿是最大的赢家。

有人说了，那孟达为什么不直接跟刘备说，我认为吴懿是奸佞，我们君臣应该一起除掉外戚，他都敢叛变了，还不敢说这个吗？这个问题很简单，因为孟达是外人，刘备跟吴夫人、吴懿是一家人，难道让刘备因为孟达几句话杀了老婆和大舅子？也正因为这样，孟达没必要指名道姓，说了也没用，所以他很绝望，直接选择了叛变。

第二十七章 刘备称帝面临哪些困难？

刘备为什么不追封自己的父亲？曹操死时，刘备有什么反应？刘备延续了大汉，忠汉之士们为什么不来投奔刘备？在蜀汉眼里，孙权是国贼吗？这些问题咱们一个一个说，之前先说刘备称帝的五大困难。

1、汉献帝不死怎么办？2、没有玉玺怎么办？3、没有祥瑞怎么办？4、预言家找不到刘备是真命天子的预言怎么办？5、刘备跟汉献帝怎么论关系？咱一个一个看。首先，汉献帝如果不死，刘备是没资格称帝的。

在刘备势力这边，逻辑是这样的，曹丕篡夺了大汉，汉献帝被赶下台了，我们刘备势力要延续大汉，所以我们势力的国号是汉，那谁当皇帝呢？当然还是汉献帝，刘备只能当王，我们的口号应该是北伐曹魏，迎回献帝。

但刘备这边的操作是，说汉献帝死了，而且还给了汉献帝一个谥号，叫孝愍，谥号都是死后才给的，汉献帝还活着呢，就获得了一个谥号。

有人说了，这不能怪刘备啊，刘备又不知道汉献帝还活着，曹丕是不是把汉献帝关起来了，所以刘备以为汉献帝死了。

非也，汉献帝不光活着，而且在他的封地里，他可以穿着皇帝的龙袍，继续按皇帝的礼仪搞祭祀活动，所以他封地里的百姓，都知道汉献帝还活着，动不动就能看见汉献帝穿着龙袍出来祭祀。

你到曹魏一打听，就知道汉献帝被封到了司州河内郡山阳县，你只要一去山阳县,随便问个百姓,就知道他们经常看见汉献帝穿着龙袍祭祀,所以要知道汉献帝的死活并不难。

有人说了,刘备又无法进入曹魏的地界,他怎么可能跑到河内郡山阳县看见汉献帝还活着呢?

你觉得曹魏地盘内没有刘备军的细作吗?随便一个细作按我刚才说的方法,都能知道汉献帝还活着。有人说了,有没有可能在曹魏地盘里,没有刘备军的细作呢?如果真是这样,那刘备军得弱成啥样,哪还打个啥?有人说了,知道汉献帝还活着,怎么那么容易呢?当然,曹丕就是这么设计的,他就是要全天下都知道汉献帝是山阳公,在山阳县,就是让山阳县所有人都定期能看见活的汉献帝穿着龙袍祭祀。这就是曹丕的目的。只要汉献帝活着,刘备当皇帝就不合礼法。所以最喜欢汉献帝活着的人是曹丕,最希望汉献帝死的人是刘备。但刘备没有能力杀死汉献帝,所以就直接简单粗暴对外宣布,汉献帝已经死了,我给个谥号。

所以在刘备军内部看来,我们是大汉延续,刘备当皇帝名正言顺。

但在曹魏的人看来,汉献帝还活着,你刘备说他死了,自己称帝,这简直是个笑话。

而且,即便汉献帝真死了,其实也轮不到刘备当皇帝,因为汉献帝还有儿子。

刘备如果必须等汉献帝一家全死光才能接班,这咋等?

所以刘备就简单粗暴一些,就认为汉献帝死了,汉献帝儿子孙子咱们抛开不谈。

抛开汉献帝活着不谈,抛开汉献帝儿子孙子不谈,我刘备就不能称帝吗?

另外,很多人问,既然大汉臣民都心向大汉,为什么没有无数大汉臣民去投奔刘备呢?

原因就在这里,如果刘备只是延续了大汉,自己不当皇帝,要迎回汉献帝,或迎回汉献帝的儿子孙子,那可能占理,也许会有大量的忠汉之士来投奔。

但事实上,刘备是延续大汉了,但自己当皇帝了,名不正言顺的,人家投奔过来了,说要效忠汉献帝,我们北伐救回汉献帝,你刘备却说汉献帝死了,不用去救,人家说那咱救回汉献帝的儿孙来当皇帝,你说我们不聊汉献帝儿孙的问题,那忠汉之士还怎么投奔你?

刘备称帝的第一个难题,就这样给糊弄过去了。

第二个难题,没有玉玺怎么办?当皇帝不能没玉玺吧?袁术称帝还拿着玉玺呢,都说袁术是伪帝,人家是有玉玺的,刘备连玉玺都没有,这算啥帝?

这玉玺现在在曹丕手中,汉献帝给曹丕了,这咋办?派细作去曹丕那把玉玺偷来?

面对这个难题，刘备又简单处理了，他对外宣布真正的玉玺落入汉水了，被襄阳的百姓发现，那时关羽在当襄阳，所以襄阳百姓就把玉玺给关羽了，最后关羽就派人送给自己了。

所以，关羽给我的这个玉玺是真的，曹丕手里那个是假的。

有人说了，凭啥证明关羽送来的就是真玉玺？其实也没什么证明，反正就是真的。

也有人说了，为什么一定要说是在襄阳边的汉水发现的呢？

因为玉玺原本在汉献帝身边，汉献帝人在许县。刘备军所到之处，距离许县最近的就只有襄阳边的汉水了。

第三个难题，没有祥瑞怎么办？

刘备要当皇帝，这必须是天人感应的事，上天要降下吉兆，得各地都有祥瑞才行。

于是在刘备的地盘内，各地都不断发现了祥瑞……

这样第三个难题解决了。

第四个难题，有没有关于刘备是真命天子的预言呢？

必须有啊，预言家说，古籍有记载："赤三日德昌，九世会备，合为帝际。"就是大汉第三个太阳会德昌。啥是第三个太阳呢？刘邦创建的西汉是第一个太阳，刘秀创建的东汉是第二个太阳，现在刘备创建的蜀汉就是第三个太阳，而且第三个太阳德昌。还有"九世会备"，指东汉皇帝传了八代人，到了第九代就该刘备了。这就是预言。

第五个难题，刘备跟汉献帝怎么论关系？其实刘备也搞不清楚自己跟汉献帝该怎么论，他到底该怎么对外宣传？你说汉献帝死了，你要当皇帝，那你是汉献帝的谁呢？啥关系呢？这皇帝要祭拜祖宗的，要追封自己的父亲、爷爷为皇帝的，这问题更大了。你刘备的爸爸、爷爷跟汉献帝又怎么论？是汉献帝的啥？

这太难办了，所以刘备不追封自己的父亲和爷爷。同时把从刘邦到汉献帝的所有皇帝都供起来，全部祭拜，办法主打一个简单粗暴。

刘备这个简单粗暴的祭拜法，裴松之给了注释。

裴松之认为，刘备虽然说自己是出自汉孝景帝，可是经历的世代已经很久远了，宗庙辈次排列很难清楚明白，既然已经继承了汉朝帝位，却又不知道应该用哪个皇帝作为自己的皇室始祖来立在宗庙里。这就是裴松之说的"不知以何帝为元祖以立亲庙"。裴松之又说，当时刘备身边人才不少，有学识的人不少，对于宗庙制度，必定是有基本文书的，但史书缺少记载，实在是遗憾。

裴松之的意思是，以刘备军拥有的人才，一定能把谁应该当刘备祖宗放庙里这事搞明白，只是史料缺失，后人不知道了。

所以你看，如果你是曹魏势力内的一名忠汉之士，你回去投靠刘备吗？

他没有玉玺，他说汉献帝死了，他也没打算迎回汉献帝，他非说典籍里说的东汉第九代皇帝该是他，他连个适合当元祖的皇帝祖宗都找不出来。

这样的大汉延续，你让忠汉之士们怎么去投奔？

我们再看开头的几个问题，曹操死时，刘备有什么反应？有人说，汉贼不两立，还能什么反应，肯定庆贺一番啊！非也，裴松之引用的《魏书》和《典略》两段史料都记载了一个共同的信息，就是刘备派使者韩冉去奉书吊唁，而且还送了礼物。有人说了，这怎么可能？但史料就这么记载的。

但这两段史料后面的记载又不太一样。《魏书》的记载是："文帝恶其因丧求好。"

曹丕厌恶这个行为，什么行为呢？因为曹操死了而来求好。

那曹丕什么态度呢？他派荆州刺史斩杀了刘备的使者韩冉，然后拒绝与刘备来往。

《典略》的记载则不一样了，说这个韩冉称病，停留在上庸不走了，由上庸的曹魏官员把文件交给曹丕，恰逢曹丕称帝，曹丕下诏书让使者到魏国，刘备拿到回报文书后就称帝了。

两段记载的结果不一样，但无论哪个记载，都透露出一个信息，那就是刘备找曹魏和好了。

而且曹丕在位 6 年，从来没有与蜀汉交战过，反而是两边都在打东吴。

最后一个问题，在蜀汉眼里，孙权是国贼吗？其实刘备活着的时候，孙权不是独立势力，孙权是曹魏的藩属，属于大魏，曹丕称帝后，孙权是大魏的吴王。所以天下只有两个势力，站在曹魏的角度，是一个魏，一个伪汉；站在蜀汉的视角，是一个汉，一个贼。

但到了 229 年，孙权称帝了，这下蜀汉怎么看孙权，原本是一个汉，一个贼，现在贼里又分出了一个贼。原本是汉贼不两立，现在是汉贼贼不三立。

孙权称帝是没有任何逻辑的，是纯国贼。不仅对于蜀汉来说是国贼，对于曹魏来说也是国贼。

但神奇的一幕出现了，蜀汉竟然承认了国贼孙权，不仅承认了，还跟孙权划分了地盘，就是消灭曹魏后，曹魏的地盘哪些归蜀汉，哪些归吴国。

堂堂大汉的延续，竟然跟国贼分地盘，分的是当年大汉的版图，历史就是这么奇怪。

又回到了那个问题，如果你是曹魏的忠汉之士，你接受这种愿意把祖宗地盘分给国贼的大汉吗？这样的大汉，忠汉的你愿意去投奔吗？

有人说了，那你觉得什么样的大汉，忠汉之士愿意投奔？

我认为，刘备不称帝，只当汉中王，口号是讨伐曹魏，迎回献帝，夺回玉玺。古籍里有预言，我刘备一定会消灭曹魏，救回献帝，带献帝还于旧都，曹操一死，举国庆贺，坚决不与曹魏和好；孙权称帝，绝不承认，誓要消灭国贼。

这才是忠汉之士心中的大汉延续。

第二十八章 刘备为什么敢和东吴决战？

抖音扫码听讲解

错！刘备是来恐吓孙权的，他不是来决战的，他的目的是吓得孙权割地谈判，因为刘备有经验。

几年前，孙权军占了刘备的荆州三个郡，长沙、零陵、桂阳。刘备带着五万士兵假装来拼命，吓得孙权接受了谈判。只是因为曹军打到巴西了，刘备着急回去，谈判得提前结束，所以孙权只还回来一个郡。

这次，历史重演了，孙权军又占领了刘备的荆州三个郡，南郡、武陵、零陵，刘备又带着五万兵假装来拼命，要吓唬孙权谈判。这次曹军不会来打益州了，曹军忙着平凉州叛乱呢！

有人说了，刘备咋那么自信能吓唬到孙权？刘备有三大自信：1、在外部矛盾层面，曹魏想打东吴，孙权可能被刘备军、曹魏军同时攻击，到时孙权只能求和刘备，共同抗曹。2、在内部矛盾层面，因为孙权的迁都使矛盾激化，淮泗人与江东人的矛盾快达到顶点了。3、在军事层面，东吴军骑战很差，所以曹魏和蜀汉在陆战上都不惧怕东吴。在刘备看来，他大军一到，吴军的淮泗人、江东人就会内讧，谁也不好好应战，偶尔有真来硬拼的，蜀汉的骑兵一战便胜，吴军就会节节败退，此时曹魏大军南下，孙权就得来跪地求饶了，到时候刘备就可以随便给孙权提条件了。

有人说了，为什么此时曹魏想进攻东吴？

原因有三条。首先，曹魏确立了九品中正制，恢复了东汉的五铢钱。

确立九品中正制，士族子弟当官更容易了。接着，在221年的3月，也就是刘备出兵的4个月之前，曹丕发行了新的货币，恢复了东汉的五铢钱，史称魏五铢。这个货币是良币，质量没问题，但问题是，士族有大量的佃户种地，粮食积累在士族手里，而士族突然抬高了粮食价格，导致百姓需要用更多的魏五铢来购买粮食，这就使大量新发行的魏五铢进入了士族的私人腰包。铜钱是铜铸造的，曹魏为了发行魏五铢，使用了大量的铜资源，这些铜资源现在变成士族私人的了，有了这些铜，士族可以打造更多铠甲，来装备自己的部曲。所以5个月后，到了211年8月，也就是刘备出兵的1个月后，曹丕叫停魏五铢，改为物物交易，以粮食和布为货币。

现在曹魏的士族子弟当官的更多了，手里私兵更强了，那他们想干些啥呢？

这就是我们要说的第二条原因，士族开启了掌兵之路。随着士族子弟当官越来越容易，能量越来越大，他们占据的重要职位越来越多。

比如颍川士族赵俨，他去河东当太守了，注意，重点是他还有一个身份，典农中郎将。这是个管理农业生产的官职。

有人说了，那又怎么样？

再如颍川士族杜袭，他现在是督军粮御史。

发现啥共同点了吗？在211年夷陵之战前，两个颍川士族，一个是典农中郎将，一个督军粮御史。

再看，司马懿现在当什么官？督军。

发现没有？这些颍川士族的官职是个组合。

你负责把粮食种好，我负责运输，他负责给军队吃了，吃完了，带着他们去打仗。

从生产到运输，再到使用，都掌握在他们手里。

有人说了，庞大的魏国官职体系里，哪是这几个人就能为所欲为的？

他们还有一个人，是尚书令，通俗点说，有类似宰相的权力。这人叫陈群，是颍川士族。这一下他们的影响力和能量就很大了。

于是他们上书曹丕，要求攻打东吴。

有人说了，这些士族怎么那么想打仗呢？他们赚钱了，老实过日子不比啥都强吗？

如果他们没有竞争对手，那他们确实可以老实过日子，但曹家有宗室，现在曹仁、曹真、曹休、夏侯尚、夏侯儒都指挥军队呢！

士族必须努力去打仗，打胜仗，成为各州军事长官，这才能把宗室压下去，否则迟早一天,宗室会压制士族。

打仗不是目的,目的是借此吸收能量,压制住竞争对手的派系。

有人说了,那为什么不是讨伐刘备而是讨伐孙权呢?

因为讨伐刘备成本较高,要考虑交通运输、后勤补给一系列问题,何况此时凉州出现叛乱,无法直接进攻刘备的地盘。

所以曹魏士族现在就想打东吴,不断怂恿曹丕出兵。

有人说了,士族想简单了,朝廷派军队到地方,那是要跟地方州牧合作的,如果跟地方州牧配合不好,那也不好弄。

说的对,士族也想到了,所以士族开启了州牧之路,这就是曹魏进攻东吴的第三条原因。

河东士族贾逵当了豫州刺史,太原士族王凌当了兖州刺史。

有人说,这有啥用啊?

有用,夷陵之战后,曹丕真的进攻东吴了,士族刺史协助宗室统帅曹休打东吴,虽然没打赢,但毕竟士族参与了,有功劳就少不了士族的。后来河东士族贾逵被加封为阳里亭侯、建威将军,太原士族王凌被加封为宜城亭侯、建武将军。

另外,孙权还有一个事得罪了曹丕,那就是质子事件。孙权 217 年就向曹操投降了,但迟迟不送嫡长子孙登当质子,所以这也成为士族建议曹丕打孙权的一个理由。

现在我们再看看东吴的内部矛盾。

首先,吕蒙死了,这对于淮泗人是重大打击。

而江东人陆逊在襄樊之战立下大功,被封为镇西将军,这是重号将军,东吴最高的将军了。陆逊还在襄樊之战中俘虏了一万关羽军,现在归他自己了,实力此消彼长,淮泗人能愿意吗?

有人说了,孙权不是很会制衡吗?这下怎么办呢?孙权当然有办法。

襄樊之战时,孙权到了公安,现在,他压根儿没回江东,直接跑到荆州的鄂县,改名叫武昌,宣布这里是新的东吴总部。

这下淮泗人和江东人都傻了。淮泗人万没想到,东吴占领荆州后,孙权把总部放荆州了,这是对淮泗人的无比信任啊!

江东人也傻了,原本总部在我们江东,怎么孙权出门打个仗,人没回来,直接换总部了?我们江东从此不再是政治中心了?

从孙权的角度讲,他这样做是要摆脱士族的控制,以防自己未来变成傀儡。

但士族不那么看,他们没到权力巅峰之前,觉得自己是忠臣,江东人觉得孙权耍了他们。

所以江东人与孙权以及淮泗人的矛盾升级了。

最后，就是东吴军陆战压根儿不行。为什么东吴军陆战不行？因为东吴军中北方人少，没有精锐骑兵。所以在夷陵之战前，东吴军没有一次敢和刘备军主力在平地正面对抗。

有了上述客观条件，刘备认为自己优势重重，所以敢于与东吴决战。

第二十九章 夷陵之战为什么马超等人没有参与？

1、夷陵之战为什么不派马超出战？

首先，马超是降将，刘备可能并不打算重用他。之前也谈过，刘备对马超的态度是：面子给足，政治上边缘化。

其次，马超既不算荆州派，也不算东州派，两派可能也看不起他，马超更不敢乱站队，所以愈加孤立。

第三，史料记载："超羁旅归国，常怀危惧。"因为马超是降将，不受重用，可能还面临种种监视，久而久之可能出现了心理疾病，所以不适合出战。

2、夷陵之战为什么不让诸葛亮指挥？

因为此时诸葛亮没有独自统帅大军团作战的经验，他第一次统帅大军团作战是打孟获。夷陵之战前，诸葛亮只有一次军事经验，就是和张飞、赵云一起，三路军队支援刘备包围成都。

3、夷陵之战为什么不派魏延出战？

因为当时魏延是汉中太守，他得守卫北大门。

4、为什么不派赵云出战？

《三国志·蜀书·关张马黄赵传第六》中裴松之引用《云别传》记载："云谏曰：'国贼是曹操，非孙权也，且先灭魏，则吴自服。兵势一交，不得卒解也。'"从史料中可以看出，赵云是反对这次出兵的。同时他也很担心战斗陷入僵持，一旦变成消耗战，刘备军就难以全身而退了。结果也跟赵云说的一样，孙权跟刘备耗上了。我们总认为打仗是两边大军每天都拼杀，其实不是，打仗一旦僵持住，就变成吃粮比赛，夷陵之战从 222 年 1 月到 222 年 6 月，这半年双方谁也不打谁，就耗着，刘备五万大军白吃半年的粮食，再算上十几万劳夫运送，这得花多少钱？这是刘备愿意看到的结果吗？赵云的观点已经很直接了，我们是汉，去打魏才政治正确。可能因为赵云的反对态度，所以刘备未派赵云出战。

5、秦宓为什么反对出兵？

除了赵云，秦宓也反对出兵。《三国志·蜀书八·许麋孙简伊秦传第八》记载："先主既称尊号，将东征吴，宓陈天时必无其利，坐下狱幽闭，然后贷出。"秦宓说天时不当，必难取胜，结果被刘备下狱关起来了，后来花钱给赎出来的。注意，花钱就出来了，这是关键点。秦宓是什么人？我们许多人认为他是个辩论家，这种认识并不够精准，秦宓是益州本土人，说白了就是益州本地大地主。秦必反对出兵，在刘备耳朵里听到的是：你刘备要打东吴，我们益州本土人反对，我们不出钱。这问题就严重了，刘备要打东吴，益州人不愿意掏钱支持，那就把你关进监狱。最后秦宓作为益州大地主，只得转变态度，交钱把自己赎了出来。

6、诸葛亮对刘备出兵是什么态度？

没有史料记载诸葛亮在战前说过什么。但诸葛亮毕竟是荆州派领袖，刘备要为荆州派夺回荆州，主力是清一色的荆州人，诸葛亮怎么反对？

等仗打完了，战败了，许多人抱怨了，都是你们荆州人喊着闹着要打荆州，结果国力损耗成这样，那诸葛亮作为荆州派领袖，得给个说法吧？诸葛亮来了句，如果法正在，应该能劝住。言外之意是，不是我们不劝，劝也没用，所以战前就没劝，而你们东州派也没人能劝住主公吗？

第三十章 夷陵之战中刘备等来孙权求和了吗？

刘备221年7月出兵，大军占领秭归，然后7个月按兵不动，按《资治通鉴》的时间线，到了222年2月，大军才到达夷道猇亭，但接着又是4个月按兵不动，大军前后11个月不打仗，白白浪费11个月的粮食，刘备是怎么想的？

因为刘备出兵不是来灭吴的，刘备是来吓唬孙权，是来逼着孙权谈判的，就像215年湘水划界时一样。

所以刘备221年7月占领秭归后，首要任务并不是全力进攻，而是等，等孙权来找自己求和。此时的刘备军已将固陵太守潘璋打跑了，还将驻守巫县、秭归的刘阿、李异打跑了，关键是占领了益州和荆州的连接点秭归。刘备认为孙权应该会害怕，万一此时曹丕也出兵攻吴，孙权怎能挡得住两面夹击？

那孙权有什么反应呢？孙权派人来求和了吗？

当然没有，孙权的反应是立刻去向曹丕称臣。

注意，孙权的反应速度很快，221年7月刘备出兵打孙权，一个月后孙权就派人去向曹丕称臣了，为了表示诚意，孙权还把于禁给送回去了。

从这里可以看出孙权的思路很清晰，能击败我的不是刘备，而是刘备和曹丕一起，所以我只要稳住曹丕，我就不会输。

那曹丕什么反应呢？是应该相信孙权的称臣，不去打孙权，还是完全不信孙权，去进攻孙权呢？

谋臣刘晔跟曹丕说，咱快进攻啊，与刘备联手灭吴啊，只要咱出兵，不出10天就能灭吴，多好的机会啊，千载难逢啊！

结果曹丕反对，后世都说曹丕是傻子。

但我个人不这么认为，我们先搞明白一件事，为什么提出去打孙权的不是陈群、不是司马懿、不是赵俨、不是杜袭，而是刘晔呢？

之前说过，因为曹魏确立了九品中正制，士族能量不断提升。所以曹丕最害怕出现士族挟曹丕以令曹魏的情况。

但现在出兵攻吴，是一件能让士族吸收能量的事，但士族不好主动开口，便找了刘晔这个中间人。刘晔是曹操、曹丕的重要谋士，同时还是大汉宗亲，但此时他早就跟士族一条心了。

曹丕又不傻，他当然不想看到士族进一步掌权，便委婉拒绝了刘晔。史料记载："帝曰：'人称臣降而伐之，疑天下欲来者心，必以为惧，其殆不可！'"

士族的小算盘被曹丕识破了，那士族接下来怎么办？于是士族又说孙权不是真心臣服，他的嫡长子孙登都不送来当人质。所以，他是假意的，不是真心的。曹丕见招拆招，他觉得大家都没见过孙权，也不了解孙权，得找个跟孙权接触过的人打听一下孙权的为人。之前于禁军被孙权俘虏了，于禁的护军叫浩周，他在东吴时跟孙权接触比较多，于是曹丕找来浩周，向他询问有关孙权的情况。

浩周认为孙权一定会把嫡长子送来当人质的。

这等于将了士族一军，一个有发言权的人说孙权的好话，这咋办？

于是士族找来跟于禁一起被俘虏的前南阳太守东里衮，他也接触过孙权。

东里衮则认为孙权不是真心称臣，他不会把嫡长子送来当人质的。曹丕见士族纠缠不休，干脆直接派使者去册封孙权为大魏吴王。刘备221年7月出兵打孙权，孙权8月就向曹丕称臣，曹丕是当月就册封孙权了，这一系列操作相当迅速。有人说了，曹丕怎么那么着急啊？因为曹丕怕夜长梦多，必须快刀斩乱麻，这下好了，刚封了孙权为大魏的吴王，我不能紧接着去打自己封的王吧？

曹丕这一招木已成舟很厉害，但士族没放弃，继续让刘晔去纠缠，说孙权不配封王。

这回曹丕直接拒绝，没得商量。

士族这几次纠缠让曹丕很不高兴，九品中正制给你们弄了，各种高官给你们封了，还不知足？所以曹丕决定打压一下士族的气焰。

曹丕在221年10月下令废除新五铢钱，改为用粮食、布匹当货币来交易。

有人说这是啥意思？这和打压士族的气焰有什么关系？

我们之前说过，221年3月曹魏发行了新的五铢钱，然后士族趁机抬高粮价，用手里的粮食换到大量的五铢钱，五铢钱是铜制作的，这就等于士族赚到了大量的铜，他们用铜可以打造铠甲，提升私兵战力。

曹丕对这事一开始是默许的，但现在士族野心越来越大，所以曹丕得打压一下士族。

于是曹丕下令废除五铢钱，切断了士族的吸铜计划。

然后，曹丕派宗室曹真、夏侯儒去打凉州，所有部门都要协助曹真，朝廷没有精力打孙权了。在士族看来，这不是故意的吗？好好的打什么凉州啊？虽然凉州有叛乱，但跟打孙权哪个更重要？就算要打凉州，为什么不派督军司马懿去？曹丕说了，司马懿在凉州打过仗吗？有经验吗？曹真汉中之战时就西边作战，他更适合。

就这样，曹丕顶住了士族的压力，并没有与刘备两面夹击孙权。

回到刘备这边，等他听说了曹丕册封孙权为吴王的事后，直接傻眼了，这咋跟当初设想的不一样呢？

刘备原本认为自己一出兵，曹魏的士族就会怂恿曹丕出兵，然后孙权就怕了，就来割地求饶。

现在曹丕给孙权封王了，那曹丕还能来打孙权吗？如果不打，自己带着几万大军耗在这，这每天都是成本啊！接下来怎么办？孙权还有来割地求饶的可能吗？

不着急，看看局势，还有机会。

这个机会是啥呢？还是人质问题。

既然孙权都是吴王了，那应该立刻把人质孙登送去，否则说不过去。

221 年 12 月，孙权给曹丕上书，正式回复了让孙登去当人质的事。他说孙登才 12 岁，等大一些再送去当人质。这就等于孙权拒绝送人质了。恰在此时，曹真平定了凉州叛乱，士族又开始鼓动曹丕发兵打孙权。

结果曹丕说，鲜卑的轲比能现在很壮大，也很危险，不得不防，我得调动资源北移，去防御轲比能。

士族一听，行啊，让督军司马懿去啊！

老问题出现了，你司马懿有经验吗？没有。

士族问了，曹真、曹休就有对付鲜卑的经验吗？也没有。最后宗室和士族都别去了，曹丕让幽州地方的豪强田预、牵招去了。

就这样，221 年过完了，刘备大军还一直待在秭归，就等曹魏发兵，但就是迟迟等不来。

曹魏不出兵，刘备只能向前施压，终于在刘备占领秭归的 7 个月之后，在 222

年2月，刘备从秭归出兵了。

刘备带着吴班、冯习到了夷道猇亭。同时派马良南下，去武陵招募五溪蛮夷。

然后刘备又不动了，刘备的意思是，孙权你看看局势，我又前进了一步，而且我还派人去武陵招兵买马了，接着我双管齐下，你就危险了，我这一前进，又给了曹魏士族信心，而且你不愿意交儿子去当人质，人家打你天经地义，你看清楚，局势又变化了。

那孙权和陆逊什么反应呢？没反应，孙权修孙权的京城，陆逊在夷陵防御着，一动不动。

刘备又继续等待，希望能等到曹魏出兵，这一等又是4个月，等到222年6月了。

许多人觉得不可思议，大家都认为刘备是来为关羽报仇的，应该拼命进攻啊！

但事实是："自正月与吴相拒，至六月不决。"

刘备前前后后等了11个月，就是在等曹魏出兵，他想以最小的代价获得战争的胜利。哪知曹丕与士族的斗争也非常激烈，刘备苦等11个月也没等来"友军"，更没等来孙权求和。

第三十一章 刘备不知兵吗？

刘备不知兵吗？刘备哪能不知兵！刘备是三国第一雇佣兵，没有之一。哪个军阀遇到刘备，都把刘备当藩属。

陶谦把刘备当藩属，让刘备抵挡曹操，刘备和曹豹就一起打过曹操。《三国志·魏书·武帝纪第一》记载："谦将曹豹与刘备屯郯东，要太祖。"

袁绍把刘备当藩属，让刘备去偷袭曹操的许县，刘备就两次偷袭许县，还斩杀了曹军将领蔡阳。《三国志·蜀书·先主传第二》记载："曹公遣蔡阳击之，为先主所杀。"

刘表把刘备当藩属，让刘备去偷袭曹操的许县，刘备打到南大门叶县，在博望伏击了夏侯惇、于禁，生擒了夏侯兰。

刘璋把刘备当藩属，让刘备去打张鲁，刘备就打下了刘璋的地盘。

另外，刘备还有其他战绩，《三国志·蜀书·先主传第二》记载："杨奉、韩暹寇徐、扬间，先主邀击，尽斩之。"《三国志·魏书·董二袁刘传第六》记载："太祖遣刘岱、王忠击之，不克。"

除此之外，刘备还取得了汉中之战的胜利，这是刘备的巅峰之战。

这个作战经验和战绩叫不知兵吗？

曹丕、孙权、陆逊三个人的作战经验加在一起也没刘备多，这是事实。

咱们再看夷陵之战，刘备战术真的是教科书级别，他使了个连环技能，叫围点打援+诱敌伏兵。

先说下啥是围点打援，很多人分不清楚它和掎角之势的区别。

甚至有人认为，我方打别人的掎角，如果我方赢了，就叫围点打援；如果我方输了，就是敌人的掎角之势成功了，其实完全不是这样。

围点打援的核心是打援，目的就是打这个援军，这是核心，至于围的这个点怎么样，不重要，只要能打掉援就可以。

比如说，夏侯渊和韩遂作战，韩遂守城，城池坚固，夏侯渊就不打城池，他去围一个羌族部落，这个部落里有韩遂军将士的家眷，这就引得韩遂不得不率军出城。于是韩遂现在是援，而夏侯渊要打的就是他这个援，夏侯渊在半路攻击这个援，获得了胜利。

夷陵之战时的刘备也是这样，刘备派军队去包围了孙桓军，《三国志·吴书·陆逊传第十三》记载："孙桓别讨备前锋于夷道，为备所围。"

因为孙桓是宗室，他地位高贵，刘备断定陆逊必定会派精锐援军来救援，刘备要的就是重创敌人精锐，如果成功了，孙权怕了，有可能就求和割地了。

有人说了，要是刘备直接拿下孙桓，岂不是更有价值？

非也，孙桓是防御方，古代打仗易守难攻，要是硬啃下孙桓，这代价得多大？作战的目的是以少量的代价获得巨大的利益。

所以刘备并不是全力强攻，如果真是日夜强攻，刘备伤亡会多些，但孙桓可能早就被拿下了。

有人说了，刘备不舍得伤亡，围住孙桓的县城不拼命强攻，目的是吸引东吴精锐，那打东吴精锐，伤亡不更多吗？

非也，东吴精锐是出了城行走在道路上的，没了城池，防御力弱多了。而且，现在刘备军控制着道路，只要东吴军队出现，不知道道路上会有啥埋伏，通俗点说，就是刘备军在暗，孙权军在明，刘备军优势极大。即便有这种优势，刘备还不满意，为了损失更小，他希望是能伏击东吴精锐，一口气将孙权打怕。

《三国志·吴书·陆逊传第十三》记载："先遣吴班将数千人于平地立营，欲以挑战。"

这吴军一看，刘备军太嚣张了，来了几千人在平地上安营，还敢挑战我们。我们本就打算出城去救孙桓，这还有挑战的，那我们更得出战了，而且这来挑战的人看着不强，就几千人而已，而且是平地立营，你能玩出什么花样？这是千载难逢的立功好机会！

那陆逊派谁去了呢？谁也没派。

史料记载："当御备时，诸将军或是孙策时旧将，或公室贵戚，各自矜持，不相听从。”当时将领们谁也不服谁，也不听命于陆逊。现在吴班送上门来，“诸将皆欲击之”，有好事了大家都积极了，陆逊以有诈为由，不许众将出战。

回到刘备这边，吴班在前挑战，那伏兵藏在哪？具体怎么引来吴军呢？

《三国志·吴书·陆逊传第十三》记载：“乃引伏兵八千，从谷中出。”就是刘备带了八千士兵躲在山谷里。

所以刘备的具体计划可能就是：吴班在平地上挑战吴军，然后假装战败，往山谷里跑，引诱吴军追进山谷，最后山谷里的刘备军伏兵包围并消灭吴军。

我们现在总结一下刘备的战术。

1、包围孙桓所在县城，吸引东吴军精锐来进攻，以达到围点打援的效果。

2、为了减少伤亡，不强攻城池，要以最小的代价消灭东吴军精锐。

3、用消灭东吴军精锐来震慑孙权，逼他割地求饶。

但为了整个计划，刘备军必须同时进攻两个点——在秭归与陆逊军大本营对峙，在夷道包围孙桓。既然要对这两点同时施压，在补给线上，就要保证控制秭归到夷道一线，但这条线道路狭窄，这就导致驻扎在这条线上的刘备军营帐密密麻麻，呈线状分布。

这种打法，无论你东吴军打刘备军哪个点，它附近的点都会协防，你都不好打。除非你能全面出击，同时攻击刘备军所有的点，切断刘备军所有的点，这才能赢。

有人说了，刘备傻吗？他如果自己都先明白这个问题了，他就不怕陆逊全面出击吗？

这就是一个老生常谈的话题了，打仗就是比谁家的矛盾更激烈。

陆逊军内部都这个样子了，因为孙权迁都，淮泗人与江东人矛盾升级，谁都指挥不动谁，陆逊如何有能力指挥全军出击呢？

所以目前就刘备来看，即使曹魏没出兵，自己与孙权这么耗着也能赢。刘备可能觉得围点打援实现不了，那就退而求其次，先耗死孙桓，这也能震慑孙权。

尤其孙桓一死，陆逊根本没法给孙权交代，那时还会使宗室与江东人的矛盾升级，说不定什么时候孙权内部就崩溃了。

所以战役打到这里，刘备的胜率是非常高的，他的手段也是教科书一般的。

那面对这种局势，陆逊能怎么办呢？

面对这种局势，陆逊甚至可以说是心狠手辣。因为两军僵持，吴军陆战比较弱，面对刘备的战术，陆逊一不救孙桓，二不主动出战，吴军内部各派系的矛盾眼看就要爆发了。这时陆逊召集众将，拔剑喝令，史书记载：“逊案剑曰：‘刘备天下知名，曹操所惮，今在境内，此强对也。诸君并荷国恩，当相辑睦，共翦此虏，上报所受，而不相顺，非所谓也。仆虽书生，受命主上。国家所以屈诸君使相承望者，以仆有尺寸可称，能忍辱负重故也。各在其事，岂复得辞！军令有常，不可犯矣！'"同时陆逊派出一支队伍当敢死队，威慑那些不听指挥的将领，谁不服从命令，就当敢死队送命去。陆逊凭借非常的手段临时团结了吴军，刘备的最大优势不复存在了，所以后面陆逊抓住机会战胜了刘备军，归根结底就是因为控制住了内部矛盾，从而转变了两军的攻守之势。

第三十二章 夷陵之战中刘备军损失了多少士兵？

抖音扫码听讲解

《三国志·魏书·程郭董刘蒋刘传第十四》中裴松之引用《傅子》记载："权将陆议大败刘备，杀其兵八万余人，备仅以身免。"《三国志·魏书·文帝纪第二》中裴松之引用《魏书》记载："孙权上书，说：'刘备支党四万人，马二三千匹，出秭归。'"《三国志·吴书·陆逊传第十三》记载："破其四十余营。"《三国志·吴书·吴主传第二》记载："蜀军分据险地，前后五十余营。"

根据上面的材料，我们逐一分析。

首先可以确定刘备大军约五万人，当时每一千人为一营，所以孙权的传记中说刘备军有"五十余营"，这就对上号了。其次，孙权的上书与陆逊的传记中却又说"刘备支党四万人""破其四十余营"。这两处跟"五十余营"对不上了，那一万人去哪了？因为当时刘备军主力四万人，那一万人是马良招募的五溪蛮夷，加起来就是五万人了。为什么孙权的上书与陆逊的传记中只提到了四万人呢？

因为这四万人是刘备军主力，也是陆逊直接面对的。另一万五奚蛮夷是偏军，主要与步骘作战。

我们可以这样理解，史料中记载与四万人有关的信息，是指刘备军主力；记载与五万人有关的信息，是指全部刘备军。

可是刘备军一共五万人，《傅子》中却记载"杀其兵八万余人"，这是为什么？因为这个数据是魏国人统计的，魏国人在记录胜仗的斩杀数据时，有特殊的统计法。《三国志·魏书·袁张凉国田王邴管传第十一》记载："破贼文书，旧以一为十。"

简单点说，就是陆逊率军斩杀八千人，但记录成八万人。

新问题又来了，《三国志·吴书·吴主传第二》记载："临陈所斩及投兵降首数万人。"

孙权说，在夷陵之战中我们斩杀的和投降我们的刘备军一共有数万人。

那这个"数万人"是怎么计算出来的呢？

首先，陆逊军斩杀了八千刘备正规军。步骘军消灭了一万五溪蛮夷。这样加起来就一万八千人。

还有《三国志·吴书·陆逊传第十三》记载："备将杜路、刘宁等穷逼请降。"

假设这俩人各带一个营投降，那就是两千人，加上那一万八千人，就是两万人了。

两万人就可以记录为"数万人"了，这样也没问题。

那陆逊率军斩杀的是哪八千人呢？《三国志·吴书·陆逊传第十三》记载："备知其计不可，乃引伏兵八千，从谷中出。"刘备之前正好带了八千人当伏兵。

那这八千人具体是什么构成呢？我个人认为荆州中军有一万人，也就是两个军，前部督张南指挥一个军，共五千人；大督冯习带着四个别督（辅匡、赵融、廖化、傅彤），他们每人督一营，共五千人。

所以刘备带的八千伏兵，可能是前部督张南的五千人，大督冯习的一千人，别督傅彤的一千人，刘备自己带的一千人。一共八千人。

我们看具体交战情况，《三国志·吴书·吴主传第二》记载："陆逊部将军宋谦等攻蜀五屯，皆破之，斩其将。"

这里是的屯不是军制里的屯，军制里一队五十人，一屯一百人，一曲二百人，一部一千人。

这个里的屯是阵地的意思，我个人认为可以简单理解为营，也就是宋谦攻破刘备军五个营，我认为这五营就是荆州中军前部督张南的五个营，斩的将可能就是张南本人。

现在张南和他的五千人没了，只剩下刘备、冯习、傅彤各带的一千人了。

《三国志·吴书·程黄韩蒋周陈董甘凌徐潘丁传第十》记载："璋部下斩备护军冯习等，所杀伤甚众，拜平北将军、襄阳太守。"大督冯习和他带的一千人被潘璋军消灭了。

讲到这里，我再讲一下刘备军的构成：一万五溪蛮夷在与步骘作战；一万水军由陈式指挥，并没参与陆战；一万东州中军由黄权指挥，驻扎在江北，没参与作战；

一万荆州中军跟随刘备；一万东州中军由吴班指挥，作为先锋。

《三国志·吴书·朱治朱然吕范朱桓传第十一》记载："然别攻破备前锋，断其后道，备遂破走。拜征北将军，封永安侯。"

朱然攻击的刘备军先锋，我个人认为就是吴班军，然后朱然切断了吴班军后路，刘备只能率军突围。

有人说了，你怎么知道吴班的先锋军和刘备在一起？

因为《三国志·吴书·陆逊传第十三》记载："先遣吴班将数千人于平地立营，欲以挑战。"但陆逊并没出战，"备知其计不可，乃引伏兵八千，从谷中出"。

也就是刘备带两个先锋军来进攻，东州兵中军吴班带几千人诱敌，荆州中军冯习等带八千人当伏兵。

正是因为有吴班的东州兵在，所以刘备才能突围成功。否则张南的五千人被宋谦灭了，大督冯习被潘璋灭了，刘备还怎么突围？

我们来总结一下刘备军的伤亡情况。陈式带着一万水军，并没有伤亡记载。黄权带着一万东州中军，也没有伤亡记载。吴班带着一万东州中军，有作战记载，但没有具体伤亡记载。只有荆州中军被斩杀八千，大督冯习阵亡、前部督张南阵亡、别督傅肜阵亡、胡王沙摩柯阵亡，另外一万五溪蛮夷被斩杀。

所以刘备军五万人，损失了两万，黄权带一万人投降了，陈式一万人、吴班一万人可能没什么损失，刘备的士兵折损率约为60%。

荆州中军六个督，大督、前督、四个别督，明确阵亡的是三个。

这和我们记忆中的刘备军全军覆没，只有刘备本人逃跑了，完全不一样。

刘备是怎么托孤的？

抖音扫码听讲解

《三国志·蜀书·诸葛亮传第五》记载："先主于永安病笃，召亮于成都，属以后事，谓亮曰：'君才十倍于曹丕，必能安国，终定大事。若嗣子可辅，辅之；如其不才，君可自取。'"

首先，说一个老生常谈的话题，什么叫"君可自取"？许多人说，不就是刘备让诸葛亮当皇帝吗？"若嗣子可辅，辅之"就是如果阿斗能辅佐，就辅佐他。"如其不才，君可自取"就是如果阿斗不成才，那你就取代阿斗。

让诸葛亮当大汉的皇帝？大汉的皇帝姓诸葛？这合适吗？还是诸葛亮改姓刘？让诸葛亮给刘备当过继子，改叫刘亮？

有人说了，是不是刘备临死前糊涂了？

"君可自取"的"取"是选取的意思，刘备是让诸葛亮从他别的儿子里选一个换掉阿斗，皇帝必须还是刘备的儿子。当时除了刘禅，刘备还有刘永和刘理两个儿子。

所以刘备的意思是：阿斗值得辅佐，你诸葛亮就辅佐，不值得辅佐就把他换了，从我其他儿子里再选一个当皇帝，废立大权交给你了。

然后《三国志·蜀书·先主传第二》中裴松之引用的《诸葛亮集》记载："临终时，呼鲁王与语：'吾亡之后，汝兄弟父事丞相，令卿与丞相共事而已。'"

假设你是刘备的三儿子鲁王刘永，你听见刘备跟诸葛亮说，阿斗要是不行，你就换个儿子辅佐。你一想，那就剩我和刘理了，我是哥哥，我比刘理年龄大，那大概率就是把我换上去啊!

刘备临终前又喊你过去,让你们兄弟像对待父亲一样对待诸葛亮,你们要和诸葛亮一起共创事业。

这啥意思?如果是让阿斗和诸葛亮一起共事,让他像对待父亲一样对待诸葛亮,这我能理解。

现在刘备对我说这话,这啥意思?他说的是“汝兄弟”,而不是阿斗带着你们兄弟。

好像我刘永现在和阿斗地位是平等的。

刘备给了诸葛亮“君可自取”的权力,阿斗能当皇帝,我也能当,那可不是地位平等吗?

有人说了,刘备为什么动了想立刘永的念头呢?是因为刘备和阿斗的感情出现了裂痕吗?

非也,所有主公选储君,选的都不是储君本人,而是选的储君背后的力量。

比如孙权到底是爱孙和,还是爱孙霸?这跟孙和、孙霸俩人本身有关系吗?有,但不多,孙权更多考量的是孙和背后的陆逊派系。

那曹操是选曹丕还是曹植?这跟曹丕、曹植谁个人能力强有关吗?有,但不多,曹操更多考量的是曹丕背后的颍川士族。

那刘表是选刘琮还是刘琦?他关注的是这哥俩吗?他关注的是刘琮背后的蔡瑁带着的荆州各家族。

刘备这里同理,阿斗 7 岁开始就由东州派吴夫人养着,东州派的吴懿、吴班是阿斗的舅舅,让阿斗接班,东州人可以更得势。而荆州派失去了荆州,实力大减,夷陵之战又失败了,许多荆州本土将领都死了,可谓雪上加霜,在这种局面下,如果再按原计划让阿斗接班,那荆州派就更难与东州派抗衡了。原本两派力量五五开,现在成了三七开,荆州派眼看就要失势了,所以刘备问诸葛亮,要不要别让阿斗接班,换一个,比如刘永。这等于游戏重开,至少对荆州派局势会好一些,不然大汉外戚专权的历史就要重演了。

结果诸葛亮没同意换阿斗,刘备也没再提这事儿。

最终,刘备托孤给荆州派和东州派,把相权给了一个人,把兵权给了一个人。

因为诸葛亮在刘备活着的时候就没当过大统帅,而李严不仅当过护军,还数次平定后方叛乱。那只能是相权给诸葛亮,兵权给李严。

《三国志·蜀书·先主传第二》记载:“先主病笃,托孤于丞相亮,尚书令李严为副。”

《三国志·蜀书·刘彭廖李刘魏杨传第十》记载:“三年,先主疾病,严与诸葛亮并受遗诏辅少主;以严为中都护,统内外军事,留镇永安。”

223 年 6 月 10 日,刘备在永安宫病逝,时年 63 岁。